Thesen über Thomas Müntzer

Thesen über Thomas Müntzer

Zum 500. Geburtstag

Dietz Verlag Berlin 1988

Die Thesen wurden ausgearbeitet
von einer interdisziplinären Arbeitsgruppe
der Akademie der Wissenschaften
und des Hochschulwesens der DDR
unter Leitung von Adolf Laube.
Ihr gehörten weiter an
Helmut Bock, Gerhard Brendler, Siegfried Hoyer,
Klaus Kinner, Werner Lenk,
Sigrid Looß, Günter Vogler und Siegfried Wollgast.

Erich Honecker,
Generalsekretär des Zentralkomitees der SED
und Vorsitzender des Staatsrates der DDR,
Vorsitzender des Thomas-Müntzer-Komitees der DDR

Thesen über Thomas Müntzer

Zum 500. Geburtstag

Thomas Müntzer (um 1489–27. Mai 1525) ist die herausragende Persönlichkeit des äußersten linken Flügels der deutschen frühbürgerlichen Revolution, das heißt der Reformationsbewegung und des Bauernkrieges von 1517 bis 1525/26. Am Beginn einer Epoche gesellschaftlicher Umwälzungen, die durch den Übergang vom Feudalismus zum Kapitalismus gekennzeichnet war, erstrebte er auf der Grundlage seines revolutionären Verständnisses christlicher Lehren eine radikale Umgestaltung der Gesellschaft im Interesse des ausgebeuteten und geknechteten Volkes. Er entwickelte eine Theologie der Revolution mit dem Ziel, jegliche Klassenherrschaft zu überwinden. Er erkannte im einfachen Volk den Träger und in der revolutionären Gewalt das Mittel dieser Umwälzung. »Durch Müntzers Gesellschaftskonzeption wurden zum erstenmal in der deutschen Geschichte Fragen aufgeworfen, auf die Marx und Engels eine wissenschaftliche Antwort gaben« (Erich Honecker). Thomas Müntzer steht an hervorragender Stelle in der revolutionären Traditionslinie des deutschen Volkes. Er errang mit den Kämpfen und Siegen der revolutionären Arbeiterbewegung im 19. und 20. Jahrhundert Weltgeltung.

Die Deutsche Demokratische Republik, die in der gesamten deutschen Geschichte wurzelt und aus dem jahrhundertelangen Ringen aller progressiven Kräfte des Volkes für den gesellschaftlichen Fortschritt hervorgegangen ist, weiß sich dieser Tradition zutiefst verpflichtet. Im 40. Jahr ihrer Gründung begeht sie die Müntzer-Ehrung in dem Bewußtsein, mit dem Sieg über die Ausbeuterklassen und der Gestaltung der entwickelten sozialistischen Gesellschaft das Vermächtnis aller revolutionären Kräfte in der Geschichte des deutschen Volkes zu erfüllen. Sie würdigt mit Thomas Müntzer auch alle anderen Gestalten und Kämpfer der von Martin Luther eingeleiteten frühbürgerlichen Revolution und knüpft damit an die Ehrungen aus Anlaß des 450. Jahrestages des Beginns der Reformation 1967, des 450. Jahrestages des deutschen Bauernkrieges und des Todes Thomas Müntzers 1975 und des 500. Geburtstages Martin Luthers 1983 an. Sie gedenkt zugleich derjenigen in der späteren Geschichte, die besonders seit dem 19. Jahrhundert mit der Herausbildung der revolutionären Arbeiterbewegung auf Müntzersche Auffassungen zurückgriffen, sie unter veränderten Bedingungen umformten und zu gesellschaftlicher Wirkung brachten sowie die Erinnerung an Thomas Müntzer nutzten, um den eigenen Kampf um gesellschaftlichen Fortschritt zu aktivieren. So würdigte Friedrich Engels unter dem unmittelbaren Eindruck der Niederlage der demokratischen Kräfte in der Revolution von 1848/49 die bleibende Bedeutung Thomas Müntzers und des Bauernkrieges von 1525: »Auch das deutsche Volk hat seine revolutionäre Tradition. Es gab eine Zeit, wo Deutschland Charaktere hervorbrachte, die sich den besten Leuten der Revolution anderer Länder an die Seite stellen können.«

Die DDR steht in dieser Traditionslinie. Sie verstand sich von Anfang an als ein Staat, der die Idee Thomas Müntzers »Die Gewalt soll gegeben werden dem gemeinen Volk« verwirklicht. Müntzers Beispiel, selbstlos und opfermutig um das große Ziel einer neuen Gesellschaft im Interesse des Volkes zu kämpfen, vermittelt ethische und moralische Werte, die bei der Errichtung der Grundlagen des Sozialismus und bei der Gestaltung der entwickelten sozialistischen Gesellschaft fruchtbar wurden und werden. Mit dem Wirken Thomas Müntzers verbinden sich historische Erfahrungen und Lehren, die in die Gestaltung des Bündnisses der Arbeiterklasse mit der werktätigen Bauernschaft und mit allen anderen um gesellschaftlichen Fortschritt ringenden Kräften eingeflossen sind. Müntzers Erbe lebt in der sozialistischen Gesellschaft; es ist uns »besonders kostbar« (Erich Honecker).

I.

Thomas Müntzer lebte zur selben Zeit, im selben geographisch-politischen Umfeld und zunächst in einem ähnlichen sozialen Milieu wie Martin Luther. Es war eine Zeit, die von tiefen gesellschaftlichen Widersprüchen gekennzeichnet war. Diese spitzten sich am Anfang des 16. Jahrhunderts im »Heiligen Römischen Reich deutscher Nation«, das in rund 350 Territorien, feudale Herrschaften und Reichsstädte zersplittert war, zu einer umfassenden gesellschaftlichen Krise zu.

Noch immer existierte das Feudalsystem. Die Mehrheit der Bevölkerung lebte auf dem Lande und war in feudale Produktionsverhältnisse eingebunden. Der Adel übte die Herrschaft über Land und Leute aus, forderte deren Abgaben und Dienste und schädigte sie überdies durch zahlreiche feudale Fehden und Kriege.

Die Kirche bildete – mit dem römischen Papst an der Spitze – das internationale Machtzentrum des Feudalsystems. Sie war der größte feudale Grundeigentümer. Viele ihrer hohen Würdenträger übten in Territorien und Herrschaften die politische Macht aus. Das Papsttum mischte sich in die Angelegenheiten des Reiches ein, und Rom saugte das Reich, seine Territorien und Gemeinden, durch Erpressung von vielerlei Abgaben finanziell aus. Vor allem aber beherrschte die Kirche das geistige Leben. Als alleiniger Interpret des göttlichen Willens, das heißt der nach damaligem Verständnis höchsten und absoluten Autorität, bestimmte sie weitestgehend die Bewußtseinsinhalte, das Denken und das gesellschaftliche Verhalten der Menschen. Sie nutzte dies, um die bestehende Feudalordnung zu legitimieren und zu stabilisieren.

Diese Stabilität begann indes zu bröckeln. Unter dem Einfluß früher kapitalistischer Entwicklungstendenzen seit dem Ende des 15. Jahrhunderts kam es zu fühlbaren Veränderungen innerhalb der Sozialpyramide der Feudalgesellschaft. Neue, mit der bürgerlichen Wirtschaft verbundene soziale Kräfte – eine frühe Handels- und Manufakturbourgeoisie sowie Vorläufer des künftigen Proletariats – entstanden. Alle Klassen und Schichten der Feudalgesellschaft waren einem Differenzierungsprozeß von bis dahin ungekannter Dimension unterworfen. Insbesondere die stark zunehmende Polarisierung von Reichtum und Armut überlagerte die überkommenen ständischen Strukturen. Während Kaufleute, Bergbauunternehmer und Verleger große Vermögen anhäuften, gehörte in vielen Städten rund die Hälfte der Bevölkerung zu den Plebejern, den Armen und Bettlern. Auch auf dem Lande veränderte sich die soziale Situation. Diejenigen Teile des Adels, die Nutzen aus dem wirtschaftlichen Aufschwung ziehen konnten, insbesondere die größeren Fürsten, stärkten ihre Position. Teile des niederen Adels verarmten und versuchten das durch erhöhte Ausbeutung der Bauern auszugleichen. Die Differenzierung unter der ländlichen Bevölkerung, der Masse des Volkes, nahm zu. Während eine dünne Schicht wohlhabender Bauern von der Wirtschaftsentwicklung profitierte, unterlag die Schicht der mittleren und kleinen Bauern verstärkter Unterdrückung und größerer Ausbeutung, nahm die Armut spürbar zu. Vor allem in den sehr zersplitterten Gebieten des Südwestens und in Thüringen erreichten feudale Unterdrückung und Ausbeutung ein unerträgliches Maß.

Daraus ergaben sich starke soziale Spannungen sowie zahlreiche andere politische und gesellschaftliche Probleme. Führende Vertreter der Adelsklasse versuchten, die politischen und staatlichen Strukturen auf dem Wege einer Reichsreform den veränderten gesellschaftlichen Bedingungen anzupassen. Sie scheiterten an machtpolitischen Gegensätzen, insbesondere zwischen dem Kaiser und verschiedenen Fürstenfraktionen. In anderen fortgeschrittenen europäischen Staaten wie Frankreich, England und Spanien, die vor ähnlichen Problemen standen, wurden die drängendsten Fragen durch ein starkes Königtum gelöst. Gestützt auf die

Wirtschaftskraft der Städte, beseitigten oder entmachteten die Könige in ihren Ländern rivalisierende Feudalgewalten. Sie schufen zentralisierte Staaten, die dem Bürgertum eine relativ breite Entfaltung ermöglichten und den Rahmen boten für die spätere Herausbildung bürgerlicher Nationen und die revolutionäre Überwindung des Feudalismus unter reiferen Bedingungen. In den deutschen Gebieten blieb dieser Weg verbaut. Ein starkes Königtum gab es nicht. Mit dem deutschen Königtum war das römische Kaisertum verbunden, und außerdem wurden die Könige von den Kurfürsten gewählt, die an schwachen Königen interessiert waren, da es ihnen vor allem um die Erhaltung der eigenen Macht ging. Die deutschen Könige bzw. römischen Kaiser orientierten sich vor allem nach außen und überließen das zersplitterte Reich weitgehend den Fürsten und anderen feudalen Herren. So brach hier früher als in anderen Ländern die Krise aus.

Soziale und politische Spannungen, Unmut und Krisenstimmung stauten sich an und äußerten sich auf vielfältige Weise. In zahlreichen Städten kam es zu blutigen Aufständen; in südwestdeutschen Gebieten verbanden sich Bauern und Landarmut mit den Armen der Städte zu Verbündnissen im Zeichen des »Bundschuhs«, in Württemberg erhoben sie sich zum Aufstand des »Armen Konrad«. In den großen Bergrevieren Tirols, des Erzgebirges und des Harzes kämpften die Bergleute um soziale Verbesserungen. Die von der Renaissance beeinflußte bildende Kunst und Literatur sowie die vom Humanismus geprägten neuen Wertvorstellungen forderten und gestalteten ein neues Welt- und Menschenbild und übten zum Teil beißende Kritik an den gesellschaftlichen Zuständen. Die Entdeckung Amerikas und die folgenden großen geographischen Entdeckungen, neue Erfindungen und Erfahrungen in Wissenschaft und Technik mit ihren schwerwiegenden sozialen und weltanschaulichen Folgen erschütterten das alte Weltbild. Gemäß der vorherrschenden religiösen Denkweise verkündeten Prophetien das nahende apokalyptische Weltgericht oder nährten die Hoffnung auf eine baldige »Reformation«. Große Teile des Volkes waren von einem Gefühl tiefer Unsicherheit erfaßt, das sich sowohl in übersteigerten Frömmigkeitsbekundungen wie Wallfahrten, Heiligenkult, Reliquienverehrung, Opfergaben und ähnlichen Erscheinungen als auch in Weltuntergangsstimmung und Todeserwartung äußerte.

In den Mittelpunkt der Kritik geriet insbesondere die Papstkirche. Auf Grund ihrer zentralen gesellschaftlichen Stellung und beherrschenden Rolle führte kein Weg zu einer Lösung der Krise, zu grundlegenden gesellschaftlichen Veränderungen an ihr vorbei. Doch alle, die bereits früher versucht hatten, die weltliche Macht der Kirche zu brechen, ihre inneren Mißstände zu beseitigen und die Kirche auf ihre Ursprünge zurückzuführen, waren auf eine relativ stabile Kirche gestoßen und an ihr gescheitert. Sie waren als Ketzer verbrannt, in Kerkern beerdigt, mundtot gemacht oder integriert worden. Zu Beginn des 16. Jahrhunderts hatte sich jedoch auch die Situation der Kirche gewandelt. Sie geriet auf Grund ihrer immer offensichtlicher werdenden Mißstände in eine Autoritätskrise. Das Zusammentreffen der tiefen gesellschaftlichen Krise mit der Autoritätskrise der Kirche schuf die Grundlage dafür, daß nunmehr Angriffe gegen die Kirche Massenbasis erhielten.

II.

Den entscheidenden Angriff führte Martin Luther seit Ende 1517, und die bald entstehende reformatorische Bewegung gab ihm Stärke und Rückhalt. Der römischen Kirche als Institution entzog er wesentliche dogmatische Grundlagen. Er begründete mit seiner Theologie – insbesondere der Lehre von der Rechtfertigung allein durch den Glauben – ein neues Verständnis der Beziehungen zwischen Mensch und Gott, das die Kirche als rechtlich verfaßte und hierarchisch abgestufte Institution grundsätzlich in Frage stellte. Er sprach der Kirche jedes Recht ab, Normen zu setzen und die Gewissen zu binden, und betrachtete als wahre Kirche die durch Wort und Sakramente begründete und bestimmte Gemeinde der Glaubenden. Dabei stützte er sich auf die Bibel und das in ihr unmittelbar zugängliche Wort Gottes. Sie machte er zum alleinigen Maßstab für die Rechtmäßigkeit der Zustände in Kirche und Gesellschaft. Er verband seine auf die Bibel gegründete Kritik an der Kirche und vor allem am Papsttum mit einem ganzen Bündel politischer, sozialer, ökonomischer und ethischer Forderungen, durch die Interessen breiter, ja gegensätzlicher sozialer Klassen und Schichten berührt wurden. Luthers Lehren gewannen eine zunächst integrierende Kraft. Sie einten die in sich differenzierte, aber auf Veränderung drängende gesellschaftliche Bewegung unter seinem Namen im Kampf gegen die römische Kirche. Diese Bewegung nahm bald revolutionäre Züge an.

Die gegebenen gesellschaftlichen Verhältnisse bedingten die zentrale Bedeutung der Theologie in den politischen, sozialen und geistigen Auseinandersetzungen und die religiöse Begründung der revolutionären Forderungen. Das gilt für Müntzer ebenso wie für

Luther. Luther ging voran. Es ist sein bleibendes historisches Verdienst, die Reformationsbewegung gegen das »internationale Zentrum des Feudalsystems« (Friedrich Engels) ausgelöst und ihr die theologisch-ideologischen Begründungen geliefert zu haben. Die Reformationsbewegung wurde zum Beginn und wesentlichen Bestandteil der Revolution. Sie stellte mit dem grundsätzlichen Kampf gegen die ökonomische, politische und ideologische Machtstellung der von Rom aus gesteuerten Papstkirche im Reich die Machtfrage, die Kernfrage jeder Revolution, und zwar im Sinne einer Verschiebung des Kräfteverhältnisses zugunsten der weltlichen Herren und des Bürgertums.

Als im weiteren Verlauf des revolutionären Prozesses die Klassengegensätze innerhalb der reformatorischen Bewegung deutlicher hervortraten und sich die Volksbewegung zu verselbständigen und zu radikalisieren begann, war es Thomas Müntzer, der die Bewegung bis zu ihren revolutionärsten Konsequenzen vorantrieb. Die Revolution kulminierte im Bauernkrieg von 1525, der sich nunmehr auch gegen die weltlichen Feudalmächte richtete und die Machtfrage im Interesse des ausgebeuteten Volkes stellte. Der Bauernkrieg wurde niedergeschlagen. Der historische Platz der Revolution am Beginn des welthistorischen Übergangsprozesses vom Feudalismus zum Kapitalismus bestimmt ihren Charakter als bürgerlich; die noch unausgereiften objektiven und subjektiven Bedingungen als frühbürgerlich.

III.

Die Anfänge Thomas Müntzers liegen im dunkeln. Es sind nur sehr wenige Quellen überliefert, so daß viele Aussagen unsicher bleiben. Nach den dürftigen Nachrichten über sein Elternhaus und sein soziales Umfeld steht lediglich fest, daß er aus Stolberg im südlichen Harzvorland stammt. Wahrscheinlich ist, daß sein Vater zum mittleren Bürgertum gehörte und daß seine Eltern während seiner Kindheit von Stolberg nach Quedlinburg verzogen. Der gesellschaftliche Erfahrungsraum seiner Jugendzeit, der Südharz und das Harzvorland, war durch die Entwicklung des frühkapitalistischen Bergbaus geprägt.

Weder Geburtsjahr noch -datum sind überliefert. Vom ersten bekannten Datum zurückgerechnet, der Immatrikulation an der Leipziger Universität im Jahre 1506, ergibt sich als mögliches Geburtsjahr 1489. Über seine Schulbildung gibt es keine Nachrichten. Der an der Leipziger Universität in voller Entfaltung befindliche Frühhumanismus wird ihm Anregungen für das Studium der alten Sprachen vermittelt haben. 1512 setzte Müntzer sein Studium in Frankfurt (Oder) fort. Er legte das Magisterexamen der Artistenfakultät ab und erwarb auch den untersten akademischen Grad der Theologie (baccalaureus), ohne daß bekannt ist, an welcher Universität das geschah. Nach eigener, allerdings später durch die Folter erzwungener Aussage war er zwischen dem Besuch der Leipziger Universität und den Studien in Frankfurt (Oder) Hilfslehrer (collaborator) in Aschersleben und in Halle, wo er ein nicht genauer zu erfassendes »Verbündnis« gegen den Erzbischof von Magdeburg begründete. Als er 1514 eine Pfründe in Braunschweig erhielt, wird er als Priester der Diözese Halberstadt bezeichnet; die Weihe hierfür muß kurz vorher erfolgt sein. In Braunschweig knüpfte Müntzer Beziehungen zu frühreformatorischen Kreisen des gehobenen Bürgertums an. Ab 1515 war er am Kanonissenstift in Frose tätig und unterrichtete Braunschweiger Bürgersöhne.

Möglicherweise schon 1517, spätestens aber im folgenden Jahr, weilte Müntzer in Wittenberg, dem Ausgangspunkt der Reformation. Er knüpfte Kontakte zu Luther, Philipp Melanchthon und anderen Mitgliedern des reformatorischen Zentrums. Durch den Wittenberger Aufenthalt wurde er von der Reformation Luthers voll erfaßt und verfocht sie bald mit der ihm eigenen Konsequenz. Gegenüber Luthers theologischen Positionen scheint er von Anfang an eine gewisse Eigenständigkeit gewahrt zu haben, was sich zunächst jedoch in den breiten Strom der antirömischen Bewegung einpaßte.

Im Frühjahr 1519 war Müntzer für eine kurze Zeit aushilfsweise Prediger in Jüterbog. Er stritt dort an der Seite von Franz Günther, einem der ersten Schüler und Mitstreiter Luthers, gegen den Mönchsorden der Franziskaner, der die Reformation bekämpfte. Es war sein erstes nachweisliches Auftreten zugunsten der Reformation. In diesem Streit wurde erstmals von den Gegnern die Bezeichnung »Lutheraner« zur Kennzeichnung der Anhänger der Reformation gebraucht, und Müntzer war der erste, auf den sie angewandt wurde.

Während der Leipziger Disputation zwischen dem altgläubigen Theologen Johann Eck sowie Andreas Bodenstein, genannt Karlstadt, und Martin Luther im Sommer 1519 gehörte Müntzer wohl zeitweise zu den Zuhörern.

Ende 1519 wirkte er im Nonnenkloster Beuditz. Hier setzte er seine intensiven Studien der Kirchenväter, der deutschen Mystik und der Akten jener Konzilien fort, auf denen bereits im 15. Jahrhundert vergeblich versucht worden war, die Kirche zu reformieren. Insbesondere das Studium der Mystik, einer vielgestaltigen Geistesströmung, die den Grundgedanken der Vereinigung des Menschen mit Gott durch Gebet, Meditation, Askese und Nachfolge Christi vertrat und die der Kirche als Institution kritisch ge-

genüberstand, wurde für Müntzer ein geistiges Ferment zur Klärung der eigenen Positionen. Er geriet allmählich in Distanz zu Lehre und Person Luthers.

IV.

Im Mai 1520 rief der Rat von Zwickau Thomas Müntzer zur Vertretung des im Sinne humanistischer Reformideen predigenden Johannes Sylvius Egranus an die Marienkirche der Stadt. Zwickau hatte enge Verbindungen mit dem nahen erzgebirgischen Silberbergbau, und es gehörte durch sein starkes, zum Teil frühkapitalistisch wirtschaftendes Tuchgewerbe zu den bedeutendsten Städten des sächsischen Kurfürstentums. Seine Sozialstruktur wies scharfe Gegensätze auf. Diese gewannen zunehmend Einfluß auf den Verlauf der Reformation in der Stadt. Müntzer blieb fast ein Jahr in Zwickau. Es wurde zu einem Einschnitt in seiner Entwicklung.

Nachdem Egranus im Herbst 1520 an seine Wirkungsstätte zurückgekehrt war, wechselte Müntzer an die Katharinenkirche über und kam so in eine soziale Umgebung, die von den Meistern und Knappen (Gesellen) des Tuchgewerbes geprägt war. Unter ihnen hatte sich eine Gruppierung um den Tuchgesellen Nikolaus Storch herausgebildet, die den Willen Gottes durch selbständige Deutung von Träumen und Bibelstellen erkunden wollte. Aus ihren Reihen gewann Müntzer Anhänger in dem ausbrechenden Streit mit Egranus um den Inhalt der Reformation.

Der Streit wurde um theologische Fragen geführt. Doch im Hintergrund standen die sozialen Gegensätze zwischen den Anhängern Müntzers und dem wohlhabenden Bürgertum, das sich um Egranus scharte. Sicher mit Wissen Luthers richtete Johann Agricola aus Wittenberg an Müntzer die Aufforderung, sich zu mäßigen. Das deutet auf Differenzen zwischen seinem Handeln und dem des Wittenberger Reformators hin. Der um die innere Sicherheit Zwickaus besorgte Rat verabschiedete Müntzer am 16. April

1521, zur selben Zeit, da Luther auf dem Wormser Reichstag den vom Kaiser geforderten Widerruf seiner Lehren verweigerte. Um Müntzer in der Stadt zu halten, bereiteten seine Anhänger unter den Tuchknappen ohne sein Wissen einen Aufstand vor. Der Rat kam dem zuvor und ließ zahlreiche Tuchknappen ins Gefängnis werfen.

Unterschiede zu Luther wurden nun auch in der sich formenden Theologie Müntzers klarer erkennbar. Sie zeigten sich zunächst in einem zunehmenden Spiritualismus und in prophetischem Sendungsbewußtsein. Das waren theologische Auffassungen und Haltungen, die in der frühen reformatorischen Bewegung allgemein angelegt waren, von denen sich aber Luther abzugrenzen begann. Der Spiritualismus lehrte den Vorrang des Heiligen Geistes beim Hineinwirken Gottes in die Welt und bei der Deutung der Bibel. Er äußerte sich bei Müntzer vor allem in der Vorstellung von der lebendigen Offenbarung Gottes: Nicht nur die Bibel beinhalte das Wort Gottes; Gott offenbare sich auch unabhängig von jeder Schrift. Er spreche direkt zu den Menschen. Er zeige sich ihnen in der Regung des Herzens, in der inneren Stimme, in Träumen und Visionen. Dies hatte in den ideologischen Auseinandersetzungen der Reformationszeit praktisch-politische und soziale Bedeutung. Es gab die Möglichkeit, Hoffnungen, Wünsche, Nöte und Forderungen der Volksmassen gegen die Herrschenden, aber auch gegen die Wittenberger Universitätsgelehrten und ihre Bibelauslegung unter Berufung auf den Willen Gottes zu legitimieren. Auf diese Weise war es möglich, Interessen des Volkes theologisch zu artikulieren.

Müntzer rang sich bei der Verarbeitung spiritualistischer Vorstellungen schrittweise zu der Überzeugung durch, daß das einfache Volk die Stimme Gottes eher und besser vernähme als die Reichen und Mächtigen. Durch Christusnachfolge in Kreuz und Leiden, durch Entäußerung allen weltlichen Besitzes und kreatürlicher Leidenschaften sei es von Gott dazu erwählt, die ungerechte Ordnung der Welt zu zerstören und zu überwinden. Es ging Müntzer um eine völlige Umwälzung zur Herbeiführung der unmittelbaren

Herrschaft Gottes und zur Herstellung christlicher Gleichheit der Menschen, und zwar auf Erden. Damit durchbrach er die Schranken des Spiritualismus, der dazu verleiten konnte, von den »fleischlichen« und weltlichen Angelegenheiten gering zu denken und das Gottesreich rein geistig aufzufassen.

Angeregt von den Propheten des Alten Testaments, empfand sich Thomas Müntzer als »Gottesknecht«, als prophetischer Verkündiger des göttlichen Willens, und sah in seinen Anhängern »Gottesstreiter«, in dieser Beziehung den böhmischen Taboriten der hussitischen revolutionären Bewegung des 15. Jahrhunderts verwandt. Von den Nachfolgern der Hussiten in Böhmen erwartete er auch zuerst die Einrichtung der »neuen apostolischen Kirche«. Deshalb wandte er sich nach seiner Entlassung in Zwickau nach Böhmen.

In Prag wurde er vor allem von Anhängern des Hussitismus als »Lutheraner« begrüßt. Er predigte an mehreren Orten, auch auf der Straße, zum Volk, stieß aber bald auf den Widerstand altgläubiger und konservativer hussitischer Kreise. Er wurde wahrscheinlich für kurze Zeit inhaftiert und mußte Prag vor Ende 1521 wieder verlassen.

In Prag entstand das wichtigste Zeugnis seiner theologischen Entwicklung zwischen der Zwickauer Zeit und seinem späteren Wirken in Allstedt, das »Prager Manifest«. In dieser in zwei deutschen, einer lateinischen und einer tschechischen Fassung erhaltenen Schrift prangerte Müntzer nunmehr schärfer das Unvermögen des Klerus, der Mönche und der Gelehrten an, das lebendige Wort Gottes zu vermitteln. Die spiritualistische Komponente steigerte sich zu scharfer Polemik gegen diejenigen, die einen stummen, ausschließlich an die biblischen Schriften gebundenen Gott anbeten und die Menschen in einem substanzlosen Glauben unterweisen. Eine besondere Rolle wies Müntzer dem armen, nach Erlösung dürstenden Volk zu, das sich bereits in dieser Schrift als ein von Gott auserwähltes Werkzeug begreifen konnte, die Macht der Gottlosen zu beseitigen. »Aber am Volk zweifle ich nicht«, schrieb er in der erweiterten deutschen Fassung des Manifests.

Noch übte Müntzer aber keine direkte Kritik an Luther. Das geschah erstmals in einem Brief, den er nach seiner Rückkehr aus Böhmen im März 1522 an Melanchthon schrieb. In Kenntnis der Predigten Luthers, in denen der Reformator nach seiner Rückkehr von der Wartburg die Bewegung zu bremsen begann, zollte Müntzer diesem zwar noch Hochachtung, wies aber auf deutliche Meinungsverschiedenheiten hin.

Die zunehmende Distanz zu Luther war objektiv begründet. In dem Maße, wie immer breitere Schichten des Volkes in die Auseinandersetzungen einbezogen wurden und zur praktischen Durchsetzung der Reformation schritten, brachten sie eigene Vorstellungen und Ziele in die Bewegung ein. Es ging längst nicht mehr nur um den Kampf gegen die päpstliche Herrschaft, um die Umgestaltung der Kirche, um die Verbreitung des Wortes Gottes. Es ging auch um die Machtbeteiligung breiterer Schichten des Volkes in den Städten und Gemeinden, um Abschaffung der Wucherzinsen und Zehnten, um konkrete soziale Verbesserungen, um die Einschränkung der Rechte der Obrigkeiten. Häufig standen sich dabei Kräfte gegenüber, die sich jeweils als Anhänger der Reformation verstanden und auf das Wort Gottes beriefen. Reformatorische Argumente dienten gegensätzlichen Klassenkräften und -interessen. Das war die soziale Grundlage dafür, daß Kritik an der Halbherzigkeit der lutherischen Reformation laut wurde, die sich zunehmend auf die Fürsten und die herrschenden Obrigkeiten in den Städten zu orientieren begann.

Müntzers Wirken nach seiner Rückkehr aus Böhmen ist nur bruchstückhaft bekannt. Er weilte zeitweise in Erfurt, vorübergehend in der Reichsstadt Nordhausen, predigte in Stolberg und war an Kolloquien in Wittenberg sowie in Weimar beteiligt. Dazwischen liegt eine Reise nach Süddeutschland. Ende des Jahres 1522 war er Kaplan in Glaucha bei Halle. Von dort vertrieben und in wirtschaftliche Not geraten, wurde er in Allstedt als Prediger angenommen.

V.

In der kleinen kursächsischen Amts- und Ackerbürgerstadt Allstedt wurde Müntzer Ende März 1523 Prediger an der St. Johanniskirche und gewann damit eine Wirkungsstätte für ein Jahr und vier Monate. Hier arbeitete er seine Lehre weiter aus, von hier aus verbreitete er sie durch die Nutzung des Buchdrucks und begann er, seine Auffassungen in die Tat umzusetzen. Nach Ostern 1523 heiratete er die ehemalige Nonne Ottilie von Gersen und gründete einen Hausstand.

Müntzer begann sein Werk mit der Reform des Gottesdienstes. Am 5. April – seinem ersten belegten Auftreten in Allstedt – hielt er die Messe in deutscher Sprache, um dem Volk zu helfen, zum rechten Glauben zu finden. Den Gebrauch der deutschen Sprache begründete er damit, daß ein jeder wissen solle, was er glaube. So war die Gottesdienstreform ein wichtiger Bestandteil seiner Reformation. Da das »Deutsche Kirchenamt« und die »Deutsch-evangelische Messe«, mit Vorreden versehen, gedruckt verbreitet wurden, konnten sie auch andernorts verwendet werden.

Müntzers Predigt fand ein lebhaftes Echo auch außerhalb der Mauern Allstedts. Eine wachsende Zahl von Gläubigen aus der Umgebung strömte dorthin zum Gottesdienst. Die Stadt war jedoch von altgläubigen Territorien umgeben, und Graf Ernst von Mansfeld verbot seinen Untertanen die Teilnahme an Müntzers Predigt. Als der Mansfelder von Kurfürst Friedrich dem Weisen die Festnahme Müntzers verlangte, wandte dieser sich am 4. Oktober 1523 an seinen Landesherrn. Er erklärte sich bereit, seine Lehre öffentlich zu verteidigen, verkündete aber zugleich, daß den Fürsten das Schwert genommen werde, wenn sie es nicht zum Schutze der Frommen gebrauchten. Es war der erste klare Hinweis, daß Müntzer den verfolgten und tyrannisierten Untertanen das Recht auf Widerstand gegen eine gottlose Obrigkeit zubilligte.

Eine öffentliche Anhörung Müntzers kam zwar nicht zustande, aber in diesem Zusammenhang werden seine ersten Schriften entstanden sein. In der Schrift »Protestation oder Erbieten Thomas Müntzers von Stolberg am Harz, Seelwarter zu Allstedt, seine Lehre betreffend und zum Anfang von dem rechten Christenglauben und der Taufe« forderte er dazu auf, den aus dem Verfall der Kirche seit der Zeit der Apostel herrührenden Schaden zu erkennen, den Willen Gottes aus seinem lebendigen Wort zu studieren und den Weg zum rechten Glauben zu suchen. In der Schrift »Von dem gedichteten Glauben« legte er eingehend sein Glaubensverständnis dar. Die Gewinnung des rechten Glaubens erfordere, wie Christus das Kreuz und Leiden zu tragen und alles »Kreatürliche« abzustreifen. So nur könnten die Menschen auf die »Veränderung der Welt« vorbereitet werden.

Der Konflikt mit der feudalen Obrigkeit spitzte sich zu, als am 24. März 1524 die Mallerbacher Wallfahrtskapelle in der Nähe Allstedts in Brand gesteckt wurde und der Weimarer Hof die Bestrafung der Täter verlangte. Angesichts der sich nun verschärfenden Repressalien wurde am 13. Juni in Allstedt Sturm geläutet, die Bürger traten bewaffnet zusammen. Bei dieser Gelegenheit wurde offenbar, daß Müntzer den Allstedter Bund, ein geheimes Verbündnis zum Schutz des Evangeliums, geschaffen hatte, der nun in die Öffentlichkeit trat und erweitert wurde. Auch außerhalb Allstedts sind Bundesmitglieder nachweisbar.

Müntzer nutzte die Gelegenheit eines Aufenthalts von Herzog Johann und seines Gefolges auf dem Allstedter Schloß am 13. Juli zu einer Predigt, die bald darauf unter dem Titel »Auslegung des anderes Unterschieds Daniels des Propheten« gedruckt wurde.

Das Buch Daniel ist das älteste apokalyptische Buch der Bibel, der Offenbarung des göttlichen Endgerichts. In der Apokalyptik vereinigte sich die Auffassung, daß alle geschichtlichen und bestehenden Reiche das Böse verkörpern, mit der Erwartung eines anbrechenden ewigen Gottesreiches, das die Gerechten erlöst und die Gottlosen vernichtet. Den Anbruch des neuen Reiches bestimmt und bewirkt aber Gott allein, er enthüllt seinen Plan allenfalls in Visionen und Träumen. Die Apokalyptik entsprach im wesentlichen der Vorstellungswelt der Notleidenden und Bedrängten, die keine Möglichkeit der Besserung sahen und auf ein Reich göttlicher Gerechtigkeit sowie auf Bestrafung der Unterdrücker durch Gott hofften.

Die sogenannte Fürstenpredigt verfolgte vor allem das Ziel, die sächsischen Regenten für die Reformation im Sinne Müntzers zu gewinnen. Mit der Auslegung des 2. Kapitels aus dem Buch Daniel führte Müntzer ihnen vor Augen, wie seit dem Verfall der apostolischen Kirche der Geist Christi verachtet worden sei und dies auch bei den Lutherischen geschehe. Müntzer forderte die Fürsten auf, die Sache der Reformation in die Hand zu nehmen und das Schwert zu gebrauchen, um die Bösen zu strafen, die das Evangelium mißachten. Sollten sie sich aber solchem Auftrag versagen, würde ihnen die Gewalt genommen werden.

Die Apokalyptik gewann nun immer stärkeren Einfluß auf Müntzer. Bei ihrer Verarbeitung überwand er die übliche passive Erwartungshaltung, die allein auf das Eingreifen Gottes hoffte. Müntzer orientierte statt dessen auf das aktive Eingreifen der Auserwählten zum Sturz der Gottlosen; er interpretierte die Apokalyptik revolutionär.

Als immer mehr Verfolgte in Allstedt eintrafen und die Gefahr entstand, daß sie von benachbarten Obrigkeiten gewaltsam zurückgeholt würden, forderte Müntzer in einer Predigt am 24. Juli 1524 das Volk zum Zusammenschluß auf. Ähnliche Verbündnisse zur »Notwehr« wie in Allstedt sollten auch andernorts geschaffen werden. Luther gab nunmehr seine Zurückhaltung auf und forderte in einem »Brief an die Fürsten zu Sachsen«, gegen den Satan von Allstedt vorzugehen, der den Aufruhr wolle. Doch Müntzer suchte immer noch, sich vor den Obrigkeiten zu verantworten. Diesem Zweck diente wahrscheinlich die Ausarbeitung des »Gezeugnis des ersten Kapitels des Lukasevangeliums«, eine Auslegung, in der

Müntzer sein Glaubensverständnis noch einmal zusammenfaßte, zugleich aber das Regiment der Gottlosen anklagte, denn man könne nicht Gott und dem Reichtum zugleich dienen.

Am 31. Juli und 1. August 1524 mußten sich Müntzer und die Allstedter Obrigkeiten am Weimarer Hof wegen des Kapellenbrandes und des Verbündnisses verantworten. Am 3. August wurde Müntzer auf dem Allstedter Schloß befohlen, den Allstedter Bund aufzulösen und seinen Drucker zu entlassen. Vom Rat im Stich gelassen und in seinen Wirkungsmöglichkeiten eingeschränkt, verließ Müntzer am Abend des 7. August heimlich die Stadt. Seine Erfahrungen zeigten ihm, daß er mit den Obrigkeiten nicht rechnen konnte.

VI.

Die Etappe nach dem Wormser Reichstag 1521 bis zum Ausbruch des Bauernkrieges im Sommer 1524 war insgesamt durch eine Differenzierung der ideologischen Auffassungen der Reformation und des politischen Verhaltens der an der Reformationsbewegung beteiligten Klassenkräfte gekennzeichnet. So entwickelten sich neben Müntzer auch andere Persönlichkeiten und Strömungen, die radikalere Auffassungen als Luther vertraten und die Bewegung vorantreiben wollten.

Im Thüringer Raum bildete sich eine Gruppe um Andreas Bodenstein, genannt Karlstadt. Dieser war 1522 von Luther aus Wittenberg verdrängt worden. Um ihn fand sich in Orlamünde/Jena ein Kreis reformwilliger Kräfte zusammen, der im Gegensatz zur Wittenberger Reformation stand und in der Konsequenz der reformatorischen Maßnahmen über Luther hinausging. Er kann als Kern einer bürgerlich-radikalen Strömung der Reformation verstanden werden. Müntzer erschien dieser Kreis als natürlicher Bündnispartner, zumal auch Luther beide, Karlstadt und Müntzer, gleichermaßen als »Schwärmer« bekämpfte.

Vom Winter 1522 bis Sommer 1524 standen Müntzer und Karlstadt sowie die Allstedter und die Orlamünder Gemeinde brieflich und wohl auch persönlich im Kontakt. Gemeinsam war Müntzer und Karlstadt in ihrem Reformationskonzept die Betonung von Kategorien der Mystik und die Orientierung auf das einfache Volk als Träger der Reformation. Doch Karlstadt und sein Kreis gingen in ihrer Kritik an den Obrigkeiten und insbesondere in der Anerkennung eines Widerstandsrechtes gegen diese nicht so weit wie Müntzer

Als dieser und die Allstedter ein förmliches Bündnisangebot an Orlamünde richteten, wurde es kategorisch abgelehnt.

Auch in oberdeutschen Reichsstädten und in der Schweiz entwickelten sich reformatorische Strömungen, die mit Luther in Streit um theologische Fragen (Sakramentenstreit) gerieten und von diesem mit Müntzer und Karlstadt gleichgesetzt wurden. Sie knüpften stärker an humanistische Vorstellungen an und orientierten sich an Bedürfnissen der städtischen Oberschichten. Insofern vertraten sie trotz der Polemik Luthers wie dieser den obrigkeitlichen Typ der Reformation und gerieten rasch in Konflikt mit den reformatorischen Forderungen der ärmeren Schichten ihrer Städte sowie der Bauern des Umlandes. So gab es zwischen ihnen und Müntzer grundlegende Unterschiede in der Theologie wie in deren gesellschaftlicher Relevanz. Doch gewann Müntzer auch in dieser Region Sympathisanten. Eine Gruppe um den späteren Täuferführer Konrad Grebel aus Zürich bekannte sich zu einigen theologischen Grundauffassungen Müntzers, nicht aber zur Gewaltanwendung gegen tyrannische Obrigkeiten, und bezeichnete sich als die »sieben neuen jungen Müntzer«.

VII.

Als Müntzer Allstedt verließ, herrschte insgesamt im Reich eine angespannte Situation: Radikale Kräfte drängten auf eine energischere Weiterführung der Reformation, gemäßigte suchten das Erreichte zu sichern, katholische Fürsten formierten sich zum Gegenschlag. In den Landgebieten des Südwestens, wo die feudale Unterdrückung der Bauern einen besonders hohen Grad erreicht hatte, flackerten erste Unruhen auf. Mit der Erhebung in der Landgrafschaft Stühlingen im Juni 1524 mündeten sie in den Bauernkrieg ein.

Im deutschen Bauernkrieg, der machtvollsten antifeudalen Massenbewegung, kulminierten die Klassenkämpfe der frühbürgerlichen Revolution. Im Frühjahr 1525 standen rund 200 000 Aufständische unter Waffen. Burgen, Schlösser und Klöster wurden gestürmt. In verschiedenen Gebieten wurde die Herrschaft der Feudalgewalten zeitweilig gebrochen.

Die Reformation hatte dem Bauernkrieg vorgearbeitet, indem sie mit ihrer Interpretation des Evangeliums der Volksbewegung ein allgemeines geistiges Fundament und die ideologische Legitimation lieferte. Überall wurde der Kampf um die Durchsetzung des »göttlichen Rechts« geführt. Zugleich hatte die reformatorische Bewegung die materiellen Grundlagen, den politischen Machtanspruch und die geistige Führungsrolle der feudalen Kirche in Frage gestellt und damit der antifeudalen Bewegung enormen Auftrieb verliehen. Schließlich wurden aus dem neuen Verständnis des Evangeliums ökonomische, soziale, rechtliche und politische Forderungen abgeleitet, die tief in das gesellschaftliche Leben eingriffen und dessen grundlegende Umgestaltung verlangten.

Der deutsche Bauernkrieg wurde zu einer der größten Klassenschlachten der deutschen Geschichte um die Befreiung von Ausbeutung und Unterdrückung. Er wurde überwiegend von bäuerlichen Schichten getragen und zum Teil von städtischen Schichten und Bergleuten unterstützt, soweit ihre Interessen sich mit denen der Bauern berührten. Seit dem Sommer 1524 erfaßte die Welle von Aufständen zunächst den Südwesten des Reiches, dann seit dem Frühjahr 1525 weite Regionen von den Alpenländern bis Franken, vom Elsaß bis zum Thüringer Wald. Die Aufständischen vereinigten sich in bewaffneten und militärisch organisierten Bauernhaufen. Sie begründeten »Christliche Vereinigungen« als keimhafte Formen neuer Machtinstrumente zur Verwaltung der Gebiete, in denen sie zeitweilig die Macht erorberten. Der Bauernkrieg war der erste Versuch in der Geschichte des deutschen Volkes, durch eine breite Aufstandsbewegung die Gesellschaft revolutionär umzugestalten. Er eröffnete die Chance, das Feudalsystem entscheidend zu schwächen.

Seit Mitte August 1524 hielt sich Müntzer in der freien Reichsstadt Mühlhausen auf. Hier hatte die lutherische Predigt Eingang gefunden, die bürgerliche Opposition Einfluß auf die Geschicke der Stadt gewonnen und der ehemalige Mönch Heinrich Pfeiffer die Kritik am Klerus geschürt. Müntzer begann offenbar auch hier mit einer Gottesdienstreform. Aber bald überschatteten andere Ereignisse das Geschehen. Am 19. September 1524 kam es zu einem Auflauf. Unter Mitwirkung Müntzers und Pfeiffers wurden Forderungen in elf Artikeln zusammengefaßt. Sie verlangten die Einsetzung eines neuen Rates, der auf der Grundlage des Evangeliums für die Handhabung von Gerechtigkeit Sorge tragen wie überhaupt das Evangelium die einzige Richtschnur des kommunalen Lebens abgeben sollte. In dieser Situation scheint die Gründung des »Ewigen Bundes Gottes« erfolgt zu sein. Er war ein Kampfbund, der militärisch organisiert war und die Regenbogenfahne zum Symbol wählte. Über 200 Mitglieder ließen sich in die Bundesliste eintragen. Doch sie vermochten es nicht, die Macht des herrschenden Rates zu brechen. Am 26. September beschloß der Rat die Ausweisung Müntzers und Pfeiffers; ein Aufgebot von bewaffneten Bauern aus den Ratsdörfern stand ihm zur Seite. Am 27. September mußten beide Mühlhausen verlassen.

Müntzers Absicht dürfte es gewesen sein, endlich auf die Vorwürfe Luthers im »Brief an die Fürsten zu Sachsen« zu antworten. Da in Kursachsen ein Druck seiner Schriften unmöglich geworden war, nutzte er die Beziehungen Hans Huts, eines Mitglieds des Bundes aus Bibra. Hut vermittelte in Nürnberg den Druck der »Ausgedrückten Entblößung des falschen Glaubens der ungetreuen Welt«, während ein Unbekannter die »Hochverursachte Schutzrede wider das geistlose und sanftlebende Fleisch zu Wittenberg« zum Druck brachte. Müntzer selbst hielt sich im Herbst kurze Zeit in Nürnberg auf, ohne in der Öffentlichkeit aufzutreten.

Die »Ausgedrückte Entblößung« war eine im Ton verschärfte Fassung des Allstedter »Gezeugnis«. Müntzer setzte nun die Hoffnung allein auf das Volk. Um diesem den Weg zum rechten Glauben zu bereiten, erkannte er als Voraussetzung eine Entlastung von materiellen Bürden. Damit gewann seine Lehre eine stärkere soziale Dimension. In der »Hochverursachten Schutzrede« stand die Auseinandersetzung mit Luther im Zentrum, indem Müntzer vor allem dessen Rechtfertigungslehre kritisierte und den Vorwurf zurückwies, er wolle Aufruhr stiften. Am Aufruhr seien die Fürsten und Herren selbst schuld: »Es ist das allergrößte Greuel auf Erden, daß niemand der Bedürftigen Not sich will annehmen. Die Großen machen's wie sie wollen ... Sieh zu, die Grundsuppe des Wuchers, der Dieberei und Räuberei sind unsere Herren und Fürsten, nehmen alle Kreaturen zum Eigentum. Die Fische im Wasser, die Vögel in der Luft, das Gewächs auf Erden muß alles ihrs sein ... Darüber lassen sie dann Gottes Gebot ausgehen unter die Armen und sprechen: Gott hat geboten, du sollst nicht stehlen ... So er (der arme Mann) sich dann vergreift am allergeringsten, so muß er hängen ... Die Herren machen das selber, daß ihnen der arme Mann Feind wird. Die Ursache des Aufruhrs wollen sie nicht wegtun, wie kann das auf die Länge gut werden? So ich das sage, muß ich aufrührerisch sein, wohlhin!«

Von Nürnberg aus wandte sich Müntzer nach Basel und in den Schwarzwald. Nach einem Besuch bei dem Reformator Johannes Oekolampad und dem Humanisten Ulrich Hugwald führte ihn der Weg zu den aufständischen Bauern. Er hielt sich im Dorf Grießen auf und besuchte von hier aus andere Orte. Bisher hatten vor allem Städte seinen sozialpolitischen Erfahrungsraum gebildet. Auf Bürger und zunehmend auf das arme Volk der Städte und Vorstädte hatte er sich orientiert. Die Bauern waren Besitzende; in Mühlhausen hatten sie zu seiner Ausweisung beigetragen. Nun wurde er erstmals mit der bäuerlichen Aufstandsbewegung direkt konfrontiert. Nach dem Beginn der Erhebung in Stühlingen hatte sich die Bewegung auf den Hegau und Klettgau ausgedehnt. Müntzer hat später ausgesagt, er habe hier vor den Bauern gepredigt und ihnen Artikel angesagt, wie man herrschen solle, ein Sachverhalt, der sich möglicherweise auf im Schwarzwald verbreitete Verfassungsvorstellungen bezieht.

Ende Februar 1525 kehrte Müntzer nach Mühlhausen zurück. Hier hatte sich inzwischen die Lage gründlich verändert. Pfeiffer war bereits am 13. Dezember 1524 wieder in die Stadt gekommen, das Stadtregiment war seitdem faktisch in die Hand der bürgerlichen Opposition gelangt. Müntzer wurde am 28. Februar 1525 von drei Stadtvierteln als Pfarrer angenommen und predigte nun zu St. Marien, der größten Kirche Mühlhausens.

Am 16. März forderte Müntzer vor der versammelten Bürgerschaft, einen neuen Rat zu wählen. Das geschah mit Zustimmung einer Mehrheit am nächsten Tag. Dieser »Ewige Rat« amtierte vom 17. März bis 28. Mai 1525. Er war das Resultat eines Kompromisses zwischen verschiedenen Fraktionen der bürgerlichen Opposition. Seine Maßnahmen erwiesen sich als tastender Versuch, die Machtverhältnisse umzugestalten.

Müntzer hatte inzwischen auch in anderen thüringischen Regionen Anhänger gewonnen, die eine aktive Rolle beim Beginn des bäuerlichen Aufstands nun auch im Thüringischen spielten. Als in Langensalza sich die Opposition gegen den Rat erhob, zog am 26. April 1525 ein Mühlhäuser Aufgebot dorthin. Müntzer unterstützte die Aktion, versuchte indes vor allem, in Mühlhausen seine Anhänger zu stärken und die Mitglieder des Allstedter Bundes zu mobilisieren. In einem aufrüttelnden Sendbrief rief er sie am 26. oder 27. April zum Sturz der Tyrannen auf: »Es ist nicht möglich, solange sie leben, daß ihr der menschlichen Furcht solltet frei werden. Man kann euch von Gott nicht reden, solange sie über euch regieren. Dran, dran, solange ihr Tag habt, Gott geht voran, folget!«

Am 28. April errichteten die Mühlhäuser nach der Rückkehr von dem Zug nach Langensalza ein Lager bei Görmar und bauten die militärische Organisation aus. Auf Anfragen von Nordhausen und Frankenhausen sagte Müntzer beiden Städten Hilfe zu, aber der Haufen zog zunächst in das Eichsfeld. Doch Müntzer war bemüht sein Versprechen einzulösen, als im Lager bei Frankenhausen gemäßigte Kräfte das Übergewicht erlangten. Inzwischen organisierte der entschiedene Feind der Reformation wie des Bauernkrieges, Herzog Georg von Sachsen, die Niederschlagung des Thüringer Aufstandes. Auch rückten Truppen des der Reformation zuneigenden hessischen Landgrafen und der braunschweigischen Herzöge heran.

Am 9. Mai rief Müntzer die Gemeinde Mühlhausen zur Unterstützung Frankenhausens auf. Am 10. oder 11. Mai zog er mit 300 Mann aus der Stadt und traf am 11. Mai im Frankenhäuser Lager ein. In Briefen forderte er die Grafen Albrecht und Ernst von Mansfeld auf, von ihrer Tyrannei abzulassen. Mit anderen Schreiben versuchte er, Verstärkung zu erhalten, aber diese an einige Städte und Dörfer gerichteten Ersuchen blieben ohne Echo.

Seine Predigten im Lager nutzte Müntzer, um das Volk zum Kampf gegen die gottlosen Obrigkeiten zu mobilisieren. In diesen Tagen kreisten seine Gedanken um das Problem der Gewaltausübung durch das Volk als Instrument zur Durchsetzung des göttlichen Willens. Bereits in der »Hochverursachten Schutzrede« hatte er die Auffassung vertreten, »daß eine ganze Gemeinde die Gewalt des Schwertes« habe. In mehreren Briefen verkündete er nun unter

Berufung auf den alttestamentlichen Propheten Daniel, »daß die Gewalt soll gegeben werden dem gemeinen Volk«.

Am Morgen des 14. Mai erfolgte der erste Angriff der hessischen Truppen auf Frankenhausen, der noch abgewehrt wurde. Dann errichteten die Aufständischen auf dem Hausberg, dem späteren Schlachtberg, eine Wagenburg. Philipp von Hessen forderte sie auf, die Waffen niederzulegen und Müntzer auszuliefern. Möglicherweise wurde am Morgen des 15. Mai eine befristete Waffenruhe vereinbart. Inzwischen vereinigten die Gegner ihre Truppen und begannen mit der Beschießung der Wagenburg. Als die fürstliche Reiterei in diese eindrang, suchte die Masse der Aufständischen in der nahen Stadt Schutz, wurde aber auf dem Weg dorthin niedergemetzelt. Müntzer wurde in einem Haus aufgespürt und gefangengenommen.

Noch am selben Tag wurde Müntzer an Ernst von Mansfeld – seinen ärgsten Gegner – ausgeliefert, von diesem in das Wasserschloß Heldrungen gebracht, verhört und gefoltert. Nach seinen Zielen befragt, bekannte Müntzer: »Die Empörung habe er darum gemacht, daß die Christenheit sollte gleich werden und daß die Fürsten und Herren, die dem Evangelium nicht wollten beistehen, sollten vertrieben und totgeschlagen werden.«

Am 19. Mai zogen die verbündeten Fürsten gegen Mühlhausen, am 25. Mai erfolgte die Übergabe der Stadtschlüssel. Am 27. Mai wurden im Feldlager der siegreichen Fürsten zwischen Mühlhausen und Görmar Thomas Müntzer und Heinrich Pfeiffer die Köpfe abgeschlagen, ihre Körper auf Stangen gespießt und als Mahnung für alle zur Schau gestellt.

VIII.

Thomas Müntzers historische Leistung bestand darin, unter den Bedingungen des beginnenden Übergangs vom Feudalismus zum Kapitalismus eine Theologie der Revolution entwickelt zu haben, die die Sehnsüchte der Ausgebeuteten und Unterdrückten reflektierte und ihrerseits den Differenzierungs- und Radikalisierungsprozeß der reformatorischen Bewegung bis zu ihren revolutionärsten Konsequenzen vorantrieb.

Sein Denken kreiste stets um die Erkenntnis des Willens Gottes, um den Menschen den Weg zum rechten Glauben zu weisen. Dieses Denken erfuhr seine Vertiefung und soziale Konkretisierung durch die persönlichen Erfahrungen Müntzers im aktiven Kampf für die Durchsetzung der Reformation. Sie ließen ihn alle diejenigen als »Gottlose« erkennen, die dem Volk den Zugang zum Evangelium verwehrten und sich als Ausbeuter die Früchte menschlicher Arbeit aneigneten und die Unterdrückten der Nahrung beraubten, insbesondere also die feudalen Obrigkeiten. Seine Erfahrungen führten ihn zu einer Orientierung auf das arme und sozial entrechtete Volk in Stadt und Land als Subjekt der Reformation, das auserwählt war, die notwendigen radikalen Umgestaltungen notfalls auch mit Waffengewalt gegen die feudalen Tyrannen zu erzwingen. Seine Vorstellungen über Weg, Mittel und Endziel des Volkskampfes wurden zunehmend von jenen Bildern beherrscht, die die Apokalypsen des Alten und Neuen Testaments von der Endzeit als dem Gericht Gottes über die Gottlosen bieten.

Seine Ideologie wies über seine Zeit, die die bürgerlich-kapitalistische Gesellschaft noch als progressive Zukunft vor sich hatte, hinaus. Sie negierte prinzipiell jegliche Klassengesellschaft und griff damit ideell in eine damals noch ferne Zukunft voraus, in der die Abschaffung der Klassenherrschaft zur historischen Mission der Arbeiterklasse werden sollte.

Wenngleich Müntzers Zielvorstellung, ein Reich göttlicher Gerechtigkeit, utopisch bleiben mußte, entsprach er mit der Aktivierung breiter Volksschichten zum Kampf gegen die Feudalgewalten Erfordernissen der frühbürgerlichen Revolution, gab er diesem Kampf die damals notwendige »göttliche« Legitimation. Ohne sich als Exponent einer bestimmten sozialen Klasse oder Schicht zu verstehen, sah Müntzer auf dem Höhepunkt der Klassenauseinandersetzungen allein in den Ausgebeuteten und Unterdrückten die soziale Kraft, die fähig war, die Feudalgewalten zu stürzen und damit den Willen Gottes zu vollziehen. Seine Konzeption zielte auf die Wiederherstellung einer göttlichen Ordnung, wie sie nach seinem Verständnis in der Urkirche vor dem Verfall der Christenheit bestanden hatte. Im realen gesellschaftlichen Prozeß bedeutete dieses Verlangen jedoch eine grundsätzliche Kampfansage an die Feudalordnung.

Thomas Müntzer führte eine damals schon nahezu zweitausend Jahre alte Tradition der Ausgebeuteten und Unterdrückten weiter, dem Leben in Ausbeutung und Elend, in Unterdrückung, Versklavung und Unterwürfigkeit die Vision von einem neuen Himmel und einer neuen Erde, von einem Reich der Gerechtigkeit und der Gleichheit aller Kinder Gottes entgegenzustellen. Sie war in den alttestamentlichen Prophetien, in den apokalyptischen Visionen des Judentums und des frühen Christenums erstmals aufgetaucht, hatte sich dann in wechselnden historischen Situationen andersartig artikuliert, hatte im Mittelalter auf die franziskanische Bewegung sowie auf Katharer, Waldenser und andere Häresien eingewirkt und in den böhmischen Taboriten des 15. Jahrhunderts engagierte Verfechter gefunden.

Bei und mit Thomas Müntzer wurde diese menschheitliche Hoffnung erstmals zu einem Ferment der bürgerlichen Revolution. Doch keine der besitzenden Klassen und Schichten in der frühbürgerlichen Revolution war objektiv in der Lage oder subjektiv willens, sie anzuerkennen: weder Bürger noch Bauern, weder niederer Adel noch Fürsten. Nur unter den plebejisch-vorproletarischen Schichten und unter der ländlichen Armut fand Thomas Müntzer mit diesen Ideen nennenswerten Widerhall und kampfbereite Anhänger. Wie diese unterhalb und außerhalb der etablierten Stände und der offiziellen Gesellschaft standen, so bewegten sich Müntzers Ideen auch jenseits des Fassungs-, Tolerierungs- und Realisierungsvermögens bürgerlicher Revolutionen. Sie konnten deshalb nur vorübergehend am äußersten linken Flügel der frühbürgerlichen Revolution wirksam werden. Ihre historische Funktion bestand darin, das Unmögliche anzustreben, um dem Realisierbaren ein Stück voranzuhelfen.

Dieser Funktion blieb die Befreiungsvision der Ausgebeuteten und Unterdrückten auch während des gesamten folgenden bürgerlichen Revolutionszyklus verhaftet, wie sie auch nie die soziale Schranke überspringen konnte, die den Besitzlosen und Unterprivilegierten vom Bürger und Eigentümer an Produktionsmitteln trennt: bei Levellern, Diggern und Quintomonarchisten in der englischen Revolution des 17., bei Babeuf, den Enragés und Jacques Roux in der Französischen Revolution Ende des 18. Jahrhunderts.

Und auch heute wird die Müntzer tragende menschheitliche Vision überall dort von neuem geboren und in anderen Versionen lebendig, wo entrechtete Massen sich zum Kampf gegen Ausbeutung und Unterdrückung erheben. In diesem Sinne ist Thomas Müntzer als Kämpfer des 16. Jahrhunderts zugleich Symbol einer menschheitlichen Tradition, die die Geschichte von den frühen Klassengesellschaften bis in die Kämpfe unserer Tage begleitet und vorangetrieben hat.

IX.

Die Wirkung Müntzers reicht weit über seine Zeit hinaus bis in unsere Tage. An Müntzer schieden sich hinfort die Geister. Er wurde zur Symbolgestalt des Revolutionärs, und seine Rezeption war weithin von der Stellung des Rezipienten zur Revolution abhängig. So erhält die Wirkungsgeschichte Müntzers eigenes Gewicht. Sie wurde zu einer Geschichte des Kampfes um den gesellschaftlichen Fortschritt.

Vom 16. bis 18. Jahrhundert blieb Müntzers Denktradition vorwiegend in Sehnsüchten, Erinnerungen und Hoffnungen der Volksmassen erhalten. Über einige seiner Anhänger wirkten seine Ideen nach der Niederschlagung des Bauernkrieges auch direkt weiter. Jedoch war das gesellschaftliche Umfeld nunmehr grundlegend verändert. Die Feudalgewalten, insbesondere die großen Fürsten, festigten ihre Macht. Obwohl die Blüte des Frühkapitalismus noch längere Zeit anhielt, kam es zu einer teilweisen Stabilisierung der feudalen Verhältnisse. Die Reformation lutherischen wie oberdeutsch-schweizerischen Typs wurde zu einer Stütze der Herrschaft der Fürsten und der bürgerlichen Oberschichten in den Städten. Sie verlor ihre ursprünglich revolutionären Potenzen.

Jedes Bekenntnis zur Sache der Aufständischen, zu Thomas Müntzer, aber auch zu anderen als »Schwärmer«, »Spiritualisten« und damit als Aufrührer verfemten Vertretern radikaler Strömungen der Reformation war hinfort lebensgefährlich und wurde von den Obrigkeiten unnachsichtig verfolgt. Es konnte auch nicht mehr mit Resonanz und Solidarität unter größeren gesellschaftlichen Gruppen rechnen. Das revolutionäre geistige Potential splitterte sich auf und formte sich entsprechend den neuen gesellschaftlichen Bedingungen um. Doch mit Täufern und Spiritualisten wie Hans Hut, Hans Römer, in bestimmtem Maße auch Melchior Rinck und Hans Denck lebten Müntzerische Auffassungen weiter. Es ist schwer meßbar, inwieweit Müntzers Einfluß auch in anderen und über sie weiterwirkte, etwa bei Konrad Grebel und seinem Kreis, vielleicht auch bei Balthasar Hubmaier und den Täufern von Münster. Weitergetragen wurden in der Regel mystisch-spiritualistische, zum Teil auch apokalyptische Auffassungen Müntzers, freilich unter weitgehender Preisgabe ihrer revolutionären, auf den aktiven Kampf gegen die Obrigkeiten orientierenden Interpretation. Nur im Täuferreich von Münster 1534/35 erfuhr die antifeudale Bewegung in lokalem Rahmen, in gewandelter Form und unter veränderten Bedingungen nochmals einen Höhepunkt.

Im Jahre 1531 versuchte der bedeutende Historiker und Philosoph Sebastian Franck, ein Nachfahr des radikalen Flügels der frühbürgerlichen Revolution, erstmals Thomas Müntzers Lehren positiv darzustellen. In die gleiche Richtung weisen einige Täuferchroniken.

Vermittelt wirkten Ideen Müntzers auch auf progressive philosophische Strömungen der Zeit, so auf Pansophen, Rosenkreutzer, Weigelianer, Anhänger Jakob Böhmes und andere in einigen europäischen Staaten. Sie wandten sich gegen die bestehenden gesellschaftlichen und kirchlichen Zustände und forderten eine neue Welt, ein Reich irdischer Gleichheit und Gerechtigkeit.

Auf die Herrschenden, eingeschlossen die der lutherischen, oberdeutschen und schweizerischen Reformation anhängenden Obrigkeiten, hatte Müntzer eine Schockwirkung ausgeübt. Wo es nicht gelang, ihn totzuschweigen, suchten sie und ihre Ideologen Müntzers Ideen und Taten unter einem Gespinst von Fälschungen, Unterstellungen, Erfindungen, Vergröberungen und Verdrehungen zu verdecken, wovon die verbreiteten Gegenschriften zeugen. In ihnen wurden alle Abweichungen von der jeweils offiziellen Lehre bekämpft und ihre Vertreter als Träger des Müntzerschen Aufruhrgeistes verdächtigt. Zugleich sollten mit dem Hinweis auf die Niederlage der Volksmassen und die strenge Bestrafung Müntzers die revolutionären Energien gelähmt werden.

Für die katholische Seite war Müntzer generell Frucht und Entlarvung lutherischen Geistes. Ihr erschien Luther als Anstifter allen Übels, Thomas Müntzer als sein gelehriger Schüler. Neben Müntzer wurden auch alle anderen radikalen Kräfte als Nachfahren Luthers bezeichnet.

Desto energischer grenzte sich Luther von Müntzer ab. Die von ihm und seinen Mitstreitern geschaffene Müntzerlegende trug in hohem Maße zur ideologischen Unterdrückung der grundsätzlichen Opposition gegen Fürstenstaat und Fürstenmacht bei, zur ideologischen Niederhaltung der revolutionären Volksbewegung. Im Kreis um Philipp Melanchthon wurde Thomas Müntzer abwertend zum Begründer der Täuferbewegung erklärt, eine Auffassung, die über Jahrhunderte wirksam blieb.

Nach dem Täuferreich zu Münster wurden Thomas Müntzer und Münster zusammen mit dem Täufertum zu einem innerlich zusammenhängenden Komplex, zu einer gefährlichen Bedrohung der bestehenden Ordnung erklärt. In der Polemik gegen die Niederländische Revolution von 1566 bis 1609 – die nächste Etappe im bürgerlichen Revolutionszyklus – wurden die Täufer noch mehr zum Bindeglied zwischen allen Empörungen und Aufständen gemacht. Die niederländischen Calvinisten übernahmen ihrerseits im Kampf gegen die Täufer, die Arminianer und andere abweichende Richtungen die antimüntzerischen Argumente der Wittenberger.

Bis weit in die Aufklärung hinein wurde der ideologische Kampf unter religiösen Bannern geführt. Ein verbreiteter, immer neu belebter Vorwurf gegen die Vertreter des gesellschaftlichen Fortschritts war, sie seien Anhänger Müntzers und wollten seine Ideen verwirklichen. Doch auch in der Aufklärungsliteratur selbst findet sich die Verurteilung Müntzers und des Bauernkrieges, da Aufruhr vielen Aufklärern als unsinnig und als Vergehen gegen die Vernunft erschien.

Es ist die unvergängliche Leistung des deutschen Frühaufklärers und radikalen Pietisten Gottfried Arnold, in seiner »Kirchen- und Ketzerhistorie« (1699/1700) das von Luther geprägte Müntzerbild durchbrochen zu haben. Arnold gab den Auftakt zur Publikation von Schriften Müntzers. Auch Vertreter der Orthodoxie edierten daraufhin einige seiner Arbeiten. Müntzers Werk wurde jetzt vereinzelt zu einem ernst genommenen Gegenstand der Reformationsgeschichtsschreibung. Arnold würdigte Müntzers theologische Leistung und arbeitete deren Verwurzelung in den Ideen des jungen Luther heraus, dem seine ganze Sympathie galt.

Arnolds neues Müntzerbild löste reaktionäre Gegenschriften aus, die vor allem Luther und Müntzer völlig zu trennen suchten. Die oppositionelle, zum Teil innerkirchliche geistige Bewegung dieser Zeit mit ihrer Ablehnung des Buchstabenglaubens, der Kindtaufe, der Geringschätzung der Predigt, der Verachtung der Konfessions- und der Hochschätzung der unsichtbaren Kirche, der Betonung des Laienpriestertums, der Negierung von Beichte und Abendmahl usw. wurde als müntzerisch hingestellt. Christian Hoburg, Paul Felgenhauer, Joachim Betke, Quirinus Kuhlmann und andere sind dieser Opposition zuzurechnen. Dieser im Laufe des Dreißigjährigen Krieges anschwellende oppositionelle »Sekten«strom wirkte auch auf die Independenten und Digger während der englischen bürgerlichen Revolution von 1640 bis 1649 und fand später in den verschiedenen Fraktionen des Pietismus in Deutschland wie in den Niederlanden Widerspiegelung.

X.

Der weltgeschichtliche Zyklus der bürgerlichen Revolutionen kulminierte in der Französischen Revolution von 1789 bis 1795. Unter der Führung wechselnder Fraktionen der Bourgeoisie und des Kleinbürgertums zerstörten die Volksmassen die Macht des Adels radikal. Die Revolutionäre, die unter den geistigen Einflüssen der Aufklärung standen, begründeten ihren Kampf ideologisch mit den Freiheits- und Gleichheitsprinzipien des Naturrechts, sie verzichteten erstmalig darauf, ihre antifeudalen Klasseninteressen vorwiegend in religiöser Gewandung zu vertreten. Mit der Französischen Revolution begann eine neue Epoche, die durch den endgültigen Zusammenbruch des Feudalsystems, die unumkehrbare Durchsetzung der bürgerlich-kapitalistischen Ordnung in Europa und anderen Erdteilen gekennzeichnet war. Der bürgerlich-revolutionäre Fortschritt stimulierte eine Neubesinnung auf geschichtliches Herkommen, also auch die Erinnerung an das Erbe der deutschen frühbürgerlichen Revolution, darunter Thomas Müntzer.

Zwischen 1789 und 1830 waren die Träger dieser Erberezeption zumeist bürgerliche Intellektuelle in Deutschland, die als Anhänger der Aufklärung hier ebenfalls für Liberalisierung und Säkularisierung eintraten. Sie erkannten in der Französischen Revolution den Höhepunkt, in den gleichzeitigen Unruhen der deutschen Bauern, Kleinbürger und Frühproletarier den Widerhall jenes Ringens für bürgerliche Freiheit, das mit Reformation und Bauernkrieg begonnen hatte. Allerdings erstrebten sie unter den herrschenden deutschen Gesellschaftsverhältnissen, die für eine bürgerlich-demokratische Revolution noch nicht reif waren, nur liberale Reformen aus der Hand aufgeklärter Fürsten. Sobald in den Klassenkämpfen

Frankreichs eine politische Differenzierung erfolgte und die Jakobiner als Verfechter des revolutionären Demokratismus sowohl gegen die Konterrevolution als auch gegen die gemäßigten Vertreter des Liberalismus auftraten, wandten die meisten deutschen Intellektuellen der Revolution entrüstet den Rücken zu. Sie verleumdeten die Jakobinerdiktatur, die die Revolution zum Sieg führte, als »verabscheuungswürdige Pöbelherrschaft« und gaben der Überlieferung des deutschen Bauernkrieges die Funktion eines politischen Warnbildes. Darin galt Thomas Müntzer zwar nicht mehr als Instrument des Teufels, wohl aber als Inbegriff eines »wütenden Fanatismus«, der mit seinen Ideen von Gleichheit, Gemeineigentum und Herrschaft der Armen keineswegs bloß den privilegierten Adel, sondern auch das bürgerliche Eigentum in Frage stellte. Von dieser Tendenz beeinflußt war auch die ansonsten verdienstvolle erste wissenschaftliche Darstellung des Lebens, der Schriften und Lehren Thomas Müntzers aus der Feder von Georg Theodor Strobel, die 1795 erschien.

Anders verhielt sich die kleine Schar der deutschen Parteigänger des Jakobinismus, die die Entwicklungslinie des revolutionären Demokratismus fortsetzte und sich auch subjektiv an den Bauernkrieg als eine Tradition ihres Ringens, nicht aber an Thomas Müntzer als führenden Ideologen erinnerte. Sie traten für »Freiheit, Gleichheit, Brüderlichkeit« ein, sogar für Volksbewaffnung und Republik, konnten sich aber noch nicht auf eine breite Massenbewegung stützen. Ihre freiheitlichen und republikanischen Ideen lebten nach dem nationalen Unabhängigkeitskrieg von 1813/14 im radikalen Flügel der Burschenschaftsbewegung fort.

Der erste, der Müntzer aus dem anhaltenden Verdikt der adligen Reaktion und des bürgerlichen Liberalismus befreite und sich geradeheraus als nachgeborener Anhänger der »Partei« Müntzers bekannte, war der Dichter Heinrich Heine. Unter dem Eindruck der Pariser Julirevolution von 1830 würdigte er die Aufständischen des Bauernkrieges, die »so wahr und tief ... die Gleichheit begriffen«, verurteilte er entschieden den deutschen Adel, der die Bauern und Plebejer zu Tausenden niedermachte. Indem der Dichter den Prediger einen »der heldenmütigsten und unglücklichsten Söhne des deutschen Vaterlandes« nannte, erkannte er in Müntzer einen verfrühten Revolutionär, dessen soziale Gleichheitsideen »noch unzeitgemäß« waren. Heine interpretierte den deutschen Bauernkrieg von 1525, die englische Revolution von 1642 und den französischen Jakobinerkonvent von 1793 als Hauptereignisse auf der ansteigenden Entwicklungslinie des revolutionären Demokratismus: Dieser trete nunmehr in die Zeit der Reife, so daß die politische und soziale Emanzipation der Volksmassen als die Aufgabe aller Kämpfe für Freiheit und Gleichheit erfüllt werden müsse. Das war ein subjektiver Ausdruck für die Tatsache, daß seit 1830 auch in Deutschland Bedingungen für die bürgerlich-demokratische Revolution heranreiften, daß zugleich aber schon der weltgeschichtlich neue Widerspruch zwischen der Bourgeoisie und der Arbeiterklasse im revolutionär-demokratischen Bewußtsein reflektiert wurde. Neben Heine benutzte auch Ludwig Börne das Bauernkriegserbe zur Vorbereitung der kommenden Revolution.

Nun erst begann die Geschichte eindeutiger Parteinahme für Müntzer und den Bauernkrieg, die kontinuierliche Auseinandersetzung mit den reaktionären und gemäßigt-liberalen Vertretern der Müntzer-Kritik. Ihren ersten Höhepunkt bildete das Werk des Pfarrers Wilhelm Zimmermann, des bedeutendsten bürgerlich-demokratischen Historikers des Bauernkrieges. Seine Darstellung der »Allgemeinen Geschichte des großen Bauernkrieges« erschien in drei Bänden 1841 bis 1843. Wenngleich noch auf begrenzter Quellenkenntnis beruhend, war niemals zuvor das revolutionäre Vermächtnis von 1525, auch das Thomas Müntzers, so tief verstanden, die Erhebung so überzeugend und fesselnd gestaltet worden. Eine geistige Vorbereitung der Revolution von 1848/49, ist Zimmermanns Werk bis heute die umfangreichste und eingehendste Gesamtdarstellung des Bauernkrieges geblieben.

XI.

Der Eintritt der Arbeiterklasse in die geschichtliche Bewegung erweckte auch die Traditionen der frühbürgerlichen Revolution und besonders ihres Höhepunktes, des Bauernkrieges, zu neuem Leben. In dem Maße, wie sich die Arbeiterklasse in Gestalt ihrer fortgeschrittensten Repräsentanten und Ideologen ihres historischen Platzes bewußt wurde, wuchs auch das Bewußtsein für die Kontinuität revolutionären Klassenkampfes, das sie mit der Sache der Bauern und Plebejer von 1525 verband.

Bereits in der frühen deutschen Arbeiterbewegung gehörte die Berufung auf die revolutionären Traditionen des Bauernkrieges zu den wesentlichen Elementen der Ausbildung proletarischen Selbstbewußtseins. In der ersten Programmschrift der deutschen Arbeiter »Die Menschheit wie sie ist und wie sie sein sollte«, von Wilhelm Weitling im Auftrag des Bundes der Gerechten verfaßt, wurde der revolutionäre Kampfruf gegen Ausbeutung und Unterdrückung auch durch den Hinweis auf die Kämpfe der aufständischen Bauern und das Wirken von Thomas Müntzer autorisiert.

Marx und Engels, die dem Werk Weitlings als dem »maßlosen und brillanten literarischen Debüt der deutschen Arbeiter« hohe Wertschätzung entgegenbrachten, knüpften an dieses Traditionsverständnis an. Bereits im Prozeß der Entstehung des wissenschaftlichen Sozialismus gelangte Karl Marx 1844 in der Einleitung »Zur Kritik der Hegelschen Rechtsphilosophie« zu der Einsicht, der Bauernkrieg sei die »radikalste Tatsache der deutschen Geschichte«, weil der radikalste Versuch der Emanzipation des Menschen. Friedrich Engels nannte Müntzer 1845 in den »Deutschen Zuständen« einen wahren Demokraten. Verlauf und Ergebnisse der

Revolution von 1848/49 bereicherten die Erkenntnisse der Klassiker bedeutend, warfen aber auch ein helleres Licht auf die Lehren von 1525.

Mit Friedrich Engels' Werk »Der deutsche Bauernkrieg« vom Sommer 1850 fand das vertiefte Studium dieses revolutionären Abschnittes der deutschen Geschichte durch die Begründer der wissenschaftlichen Weltanschauung der Arbeiterklasse seinen markantesten Ausdruck. Gestützt auf das Material Zimmermanns, wandte Engels erstmals die Methode des historischen Materialismus auf einen Gegenstand der älteren deutschen Geschichte an und schuf die bleibende Grundlage für das marxistische Verständnis des Bauernkrieges und des »plebejischen Revolutionärs« Thomas Müntzer.

Mit dem Werk von Marx und Engels und dem Aufgreifen der Traditionen der Bauernkriegskämpfer durch die revolutionäre deutsche Arbeiterbewegung begann eine neue und die bedeutendste Periode des Wirkens des revolutionären Erbes von Thomas Müntzer.

Die vergleichende Analyse der Erfahrungen der Revolution von 1517 bis 1525 und der Revolution von 1848/49 trug dazu bei, daß die Erkenntnis von der Notwendigkeit und Möglichkeit des Bündnisses zwischen der Arbeiterklasse und der Bauernschaft festere Konturen gewann. Auch in den folgenden Jahrzehnten nutzten Marx und Engels den Rückgriff auf die frühbürgerliche Revolution vor allem für die Weiterentwicklung ihrer bündnispolitischen Erkenntnisse, aber auch für ihr gesamtes historisch-politisches Denken. Friedrich Engels äußerte mehrmals die Absicht, sein Werk so umzuarbeiten, daß die Stellung des Bauernkrieges als Angelpunkt der ganzen deutschen Geschichte sichtbar werde. Dieses Vorhaben konnte er nicht mehr realisieren.

In der deutschen Literaturentwicklung des 19. Jahrhunderts wurde das Bemühen um die dichterische Formung der Persönlichkeit Thomas Müntzers eng mit seiner Rolle im deutschen Bauernkrieg verbunden und damit zu einem Kampffeld der Weltanschauungen und des Geschichtsverständnisses. Müntzer als Held der

Dichtung zu wählen, wurde von fortschrittlichen Schriftstellern als eine Chance begriffen, menschliche Größe in revolutionären Auseinandersetzungen darzustellen und den Gang der Geschichte durchschaubar zu machen. Im Vorfeld der Revolution von 1848/49 und gleichzeitig mit dem Werk Zimmermanns erschien der dreibändige Müntzer-Roman von Theodor Mundt, der als »deutscher Nationalroman« konzipiert war. Im Gefolge der Revolution wurde Thomas Müntzer in der Dichtung von Hermann Rollet zur Symbolgestalt des selbstlosen Kämpfers für die Freiheit des Volkes, für soziale Gerechtigkeit, gegen Knechtschaft und Unterdrückung.

Zu dieser Zeit griffen auch Karl Marx und Friedrich Engels in der sogenannten Sickingen-Debatte um eine Tragödie von Ferdinand Lassalle über Franz von Sickingen in die Auseinandersetzung um revolutionstheoretische, geschichtsphilosophische und ästhetische Fragen hinsichtlich der dichterischen Profilierung von historischen Gestalten der Bauernkriegszeit ein. Nicht in Florian Geyer, Götz von Berlichingen oder Franz von Sickingen, sondern in Thomas Müntzer sahen sie die Schlüsselfigur, die es dem Dichter ermöglicht, Grundfragen der Revolution und geschichtliche Tragik zu gestalten. Sie rechneten es Lassalle als Fehler an, »die lutherisch-ritterliche Opposition über die plebejisch-Müntzersche zu stellen«.

In der deutschen Arbeiterbewegung wurde Thomas Müntzer zur Verkörperung, zum Symbol für jene revolutionären Traditionen, denen sie sich unmittelbar verpflichtet fühlte. Im Jahre 1876 veröffentlichte August Bebel eine umfangreiche Schrift über den deutschen Bauernkrieg, und gegen Ende der achtziger Jahre plante er eine Müntzer-Biographie. Ende des 19. Jahrhunderts entwarf der Sozialdemokrat Robert Schweichel, ein Freund von Wilhelm Liebknecht und August Bebel, in seinem Roman »Um die Freiheit« das Bild Thomas Müntzers als Volkstribun. Parallel dazu kam Engels' Bauernkriegsschrift in immer neuen Auflagen heraus.

In steigendem Maße erschienen auch in der Arbeiterpresse, so von Wilhelm Blos, eigenständige Beiträge über die frühbürgerliche Revolution. Dienten diese zunächst vor allem der Propagierung der revolutionären Traditionen des Bauernkriegs, so wuchsen in der

Sozialdemokratie schrittweise Persönlichkeiten heran, die selbständige Forschungen zu speziellen Fragen der frühbürgerlichen Revolution leisteten. Dazu gehörte in erster Linie Karl Kautsky, dessen Studien Engels entscheidende Anregungen gaben, Reformation und Bauernkrieg als ersten Akt der bürgerlichen Revolution zu begreifen.

Als sich mit dem Übergang zum Imperialismus in der deutschen Sozialdemokratie stärker opportunistische Auffassungen ausbreiteten, wurde auch das Geschichtsbild von diesem Prozeß beeinflußt. Indem die Opportunisten den revolutionären Weg der Veränderung der Gesellschaft abschrieben, verlor folgerichtig auch die Gestalt Müntzers für sie an Interesse. Gleichzeitig wirkten Teile des tradierten Geschichtsbildes in der sozialdemokratischen Mitgliedschaft fort. Vor allem Franz Mehring war es, der an das von Marx und Engels geprägte Bild der frühbürgerlichen Revolution anknüpfte, es weiter ausarbeitete und verbreitete.

Die erste russische Revolution von 1905 bis 1907 ließ die revolutionären Potenzen der Bauernschaft in neuem Licht erscheinen und verlieh den Erfahrungen der frühbürgerlichen Revolution Aktualität. Auf der Suche nach Wegen, die in Rußland heranreifende Krise im Sinne des Proletariats zu lösen, analysierte W. I. Lenin die Erfahrungen der europäischen bürgerlichen Revolution und erkannte – gestützt auf Marx und Engels – in Reformation und Bauernkrieg deren erste Etappe. Rosa Luxemburg forderte 1907 eine aktive Bündnispolitik der Arbeiterbewegung mit der werktätigen Bauernschaft und berief sich dabei auf Erfahrungen des deutschen Bauernkriegs und Thomas Müntzers.

XII.

Der erste Weltkrieg mit seiner desillusionierenden Wirkung auf weite Kreise des deutschen Volkes, die Novemberrevolution, die Kämpfe der Nachkriegskrise, besonders aber die Große Sozialistische Oktoberrevolution, zerrissen den Dunstschleier, mit dem die herrschende Geschichtsideologie den Blick der Volksmassen in ihre revolutionäre Vergangenheit verhüllte.

Während die Bourgeoisie auf die Erschütterung der Grundlagen ihrer Herrschaft auch mit einer Krise ihres Geschichtsdenkens reagierte, gingen für die revolutionären deutschen Arbeiter, die gerade in der jungen KPD ihre politische Heimat gefunden hatten, von den revolutionären Kämpfen in Deutschland und dem Sieg der Arbeiterklasse in Rußland starke Impulse für ihr historisches Selbstverständnis aus. Das Ringen der Bauernkriegskämpfer und Müntzers gewann neue Aktualität, vor allem durch den direkten Vergleich mit den revolutionären Kämpfern der Gegenwart. In diesem Sinne setzte Clara Zetkin in einer Broschüre von 1920 Thomas Müntzer ein Denkmal als Spartacus seiner Zeit. Müntzer erlangte in der geschichtlichen Analyse von Reformation und Bauernkrieg noch stärker als vordem Bedeutung, indem er den deutschen Kommunisten als Vorbild des unbeugsamen, der Sache der Revolution treu ergebenen Volksführers galt. Der Vergleich mit Karl Liebknecht, Rosa Luxemburg und W. I. Lenin deutete auf den zentralen Aspekt des Müntzer-Bildes der KPD hin: auf die Frage des Kampfes um die Macht.

Auch in der bürgerlichen und theologisch-kirchengeschichtlichen Müntzer-Rezeption begann während der Weimarer Republik ein neuer Abschnitt. Nunmehr setzte eine ernsthaftere Beschäftigung mit Leben und Werk Thomas Müntzers ein, die zu ersten modernen, noch unvollständigen Editionen von Müntzer-Schriften und des Briefwechsels (unter anderem von A. Ehrentreich, P. Friedländer, O. H. Brandt, H. Böhmer und P. Kirn) sowie zu Forschungen über Müntzers Leben und Theologie führte. Brachte dies einerseits einen Vorstoß zu den Quellen, so dominierte andererseits das Bestreben der Abgrenzung der politischen Positionen vom Revolutionär und der theologischen Positionen vom »Ketzer« Müntzer.

Unter dem Eindruck des ersten Weltkrieges und der revolutionären Umbrüche an seinem Ende sowie beeinflußt durch die Arbeiterbewegung brachen linke Intellektuelle wie Hugo Ball, Ludwig von Gerdtell und Ernst Bloch mit dem überkommenen bürgerlichen Geschichtsbild und wandten sich den revolutionären Traditionen des deutschen Volkes und damit auch Thomas Müntzer zu.

Seit der Mitte der zwanziger Jahre eigneten sich die deutschen Kommunisten unter Führung Ernst Thälmanns den Leninismus umfassend und systematisch an. Das prägte auch ihre Beschäftigung mit dem Erbe der frühbürgerlichen Revolution und Thomas Müntzers. Ein Höhepunkt wurde der 400. Jahrestag des Bauernkrieges 1925.

Erstmals in der deutschen Geschichte wurde des Bauernkrieges und Thomas Müntzers in solcher Breite gedacht. Dabei wurden vor allem die Lehren für die Bündnispolitik mit der werktätigen Bauernschaft und den Landarbeitern betont. Edwin Hoernle, Heinrich Rau und Hermann Duncker setzten die Akzente. Besonders in Thüringen und Mitteldeutschland vermochte es die Partei, werktätige Massen anläßlich des Jubiläums unter ihren Fahnen zu sammeln. 1925 erschienen in kommunistischen Verlagen die erste populäre Ausgabe der wichtigsten Schriften Thomas Müntzers sowie eine Neuauflage von Robert Schweichels bedeutsamem Bauernkriegsroman.

Die sich formierende deutsche sozialistische Literatur wandte sich immer wieder Thomas Müntzer und dem Bauernkrieg zu. Friedrich Wolf mit seinem »Armen Konrad« und Berta Lask mit ihrem Müntzer-Drama begründeten eine Traditionslinie, die bis in die sozialistische Gegenwartsliteratur und -dramatik der DDR führt. Auch die mit dem Proletariat verbundene bildende Kunst bekundete mit ihren Bauernkriegsdarstellungen ihre Parteinahme für die Sache des Volkes. Am Anfang dieser Traditionslinie progressiver Kunst steht das Werk der Käthe Kollwitz.

Im Kampf gegen die heraufziehende Gefahr des Faschismus traten in Auseinandersetzung mit dem faschistischen Mißbrauch der Traditionen des Bauernkrieges die nationale Zielstellung und Komponente der frühbürgerlichen Revolution stärker ins Blickfeld der deutschen Kommunisten. Gleichzeitig führte das Ringen um die Einbeziehung breiter Kreise der werktätigen Bevölkerung zu einer differenzierteren Sicht auf das Verhältnis von Müntzer und Luther.

Auch fortschrittliche christliche Kreise nahmen das Erbe Thomas Müntzers neu auf, so die religiösen Sozialisten Emil Fuchs und Hermann Kötzschke sowie Emil Blum, der Leiter der evangelischen Neuwerk-Bewegung. Sie strebten nach sozialen Reformen im Interesse der Landbevölkerung oder unterstützten die Bemühungen um das Bündnis zwischen Arbeiterklasse und Kleinbauern und beriefen sich dabei auf Müntzer.

Als die Kommunistische Internationale nach der Errichtung der faschistischen Diktatur in Deutschland und dem Vorstoß der Reaktion in anderen Ländern die neuentstandene Situation analysierte, ergaben sich auch für die geschichtsideologische Arbeit der deutschen Kommunisten neue, erhöhte Anforderungen in der Auseinandersetzung mit den faschistischen Geschichtslügen. Die schöpferische Anwendung der Orientierung des VII. Weltkongresses der Komintern von 1935 auf den antifaschistischen Kampf der KPD führte zu einer Erweiterung des Geschichtsbildes über Reformation und Bauernkrieg. Im Ringen um die Volksfront widmete die KPD auch jenen Traditionen ihrer Bündnispartner stärkere Aufmerksamkeit, die deren politische Entscheidung für den antifaschistischen Kampf festigen und rechtfertigen konnten. Im antifaschistischen Widerstand wirkte die Berufung auf die revolutionären Traditionen des deutschen Volkes ermutigend.

In der Emigration bewahrte sich Johannes R. Becher den Glauben an ein besseres, der Humanität verpflichtetes Deutschland nicht zuletzt dadurch, daß er in ausdrucksstarken Gedichten das Andenken an die großen Deutschen der Reformation und des Bauernkrieges beschwor. Erich Weinert, der sich schon als junger Dichter mit dem Entwurf eines Müntzer-Dramas befaßt hatte, arbeitete ebenfalls im Exil an einem Versepos zum Bauernkrieg. Im Exil entstand Alex Weddings (Grete Weiskopfs) Erzählung »Die Fahne des Pfeiferhänsleins«, und auch Johannes Wüsten schuf sein Drama »Weinsberg« in der Emigration. In Mexiko würdigte Alexander Abusch Müntzer als »die gewaltigste revolutionäre Persönlichkeit seiner Zeit«, und im englischen Exil entstand Ernst Sommers Müntzer-Biographie. Das Nationalkomitee »Freies Deutschland« wirkte von der Sowjetunion aus dem faschistischen Mißbrauch der deutschen Geschichte entgegen und hob bei der Erarbeitung einer Konzeption zur Geschichte des deutschen Volkes sowie des Programms für den Schulunterricht nach der Befreiung vom Faschismus den Bauernkrieg und das Wirken Thomas Müntzers als Kulminationspunkte der freiheitlichen Tradition deutscher Geschichte hervor.

XIII.

Die Befreiung vom Joch des Faschismus eröffnete neue Horizonte auf dem langen und opferreichen Weg, den die besten Kräfte des deutschen Volkes beschritten hatten. Die Überwindung der Herrschaft der Ausbeuterklasse, für die Müntzer gekämpft hatte, wurde zur praktischen gesellschaftlichen Aufgabe und mit der antifaschistisch-demokratischen und sozialistischen Umwälzung zur Realität.

Am 11. Juni 1945 rief die KPD zu grundlegenden antiimperialistischen Veränderungen auf. Am 2. September 1945 verband Wilhelm Pieck in seiner großen Rede in Kyritz die Zielstellung der demokratischen Bodenreform mit dem jahrhundertealten Traum der Bauern und Landarbeiter, das Junkerland in ihre Hände zu nehmen, und erinnerte an den Bauernkrieg und an Thomas Müntzer. Die tatsächlichen revolutionären Veränderungen, das Bündnis der Arbeiterklasse mit der werktätigen Bauernschaft und die demokratische Bodenreform, schufen zugleich eine völlig neuartige Grundlage für die Rezeption Müntzers und seines Vermächtnisses.

Die entscheidende Zäsur im revolutionären Prozeß des Übergangs vom Kapitalismus zum Sozialismus auf deutschem Boden stellte die Gründung der DDR dar, der ersten Arbeiter-und-Bauern-Macht in der Geschichte des deutschen Volkes. Eingebettet in den Prozeß der antifaschistisch-demokratischen Umwälzung und der Errichtung und Gestaltung des Sozialismus in der DDR spielte die Rückbesinnung auf den Bauernkrieg und auf Thomas Müntzer eine große bewußtseinsbildende Rolle. Zahlreiche Reden und Schriften von Repräsentanten der Parteiführung der SED, der Regierung der DDR und befreundeter Parteien des Demokratischen Blocks, Dokumente und Maßnahmen der Partei der Arbeiterklasse und des sozialistischen Staates und nicht zuletzt die Werktätigen in Stadt und Land haben das Andenken an den Bauernkrieg und an Thomas Müntzer wachgehalten und in lebendiges Schöpfertum für die Gestaltung des Sozialismus umgesetzt. In der DDR tragen zahlreiche landwirtschaftliche Produktionsgenossenschaften, volkseigene Güter und Betriebe, gärtnerische Produktionsgenossenschaften, Schulen und Brigaden, Truppenteile und Kasernen der Nationalen Volksarmee, Kulturstätten, Jugendklubs und -brigaden den Namen Thomas Müntzer.

Wesentlichen Anteil an der Aneignung des mit Müntzer und dem Bauernkrieg verbundenen Erbes hatten auch Schriftsteller und Künstler der DDR. Für viele von ihnen wurde die Rückbesinnung auf dieses Erbe zu einer in hohem Maße fruchtbaren Auseinandersetzung mit den Fragen nach dem Gang und den Triebkräften der Geschichte, nach der Rolle der Volksmassen, nach den moralischen Qualitäten des Revolutionärs und nach den Wegen in eine Welt des Friedens und der sozialen Gerechtigkeit. Friedrich Wolf schrieb 1952 sein Müntzer-Drama und in den folgenden Jahren das Szenarium für den Spielfilm der DEFA, der 1956 uraufgeführt wurde. Ebenfalls 1956 wurde in Mühlhausen das Müntzer-Denkmal Will Lammerts aufgestellt. Vielstimmig und vielgestaltig in Gedicht, Schauspiel, Roman und Film, vor allem auch im Kinder- und Jugendbuch, hält die Literatur der DDR das mit Wissen und Erkenntnis, mit Stolz und Bewunderung verbundene Andenken an das revolutionäre Erbe der Bauernkriegszeit wach und lebendig.

Der Weg zur praktischen Erfüllung dessen, wofür die deutschen Revolutionäre der Vergangenheit gekämpft hatten, die konsequente Orientierung der Kultur- und Bildungspolitik auf eine umfassende Aneignung des humanistischen, revolutionären Erbes schufen in der DDR eine Atmosphäre, die auch die künstlerische Rezeption des Bauernkrieges beflügelte. Nachdem bereits seit den fünfziger Jahren eine Reihe wichtiger Werke der bildenden Kunst entstanden war, wurden in den Jahren der Vorbereitung auf den 450. Jahrestag des Bauernkrieges auf Ausstellungen in der DDR nahezu 80 Arbeiten, darunter einige großformatige Tafelbilder, zum Thema Bauernkrieg und Thomas Müntzer gezeigt. Darüber hinaus entstanden mehrere umfangreiche Grafikzyklen. Mit einer Vielfalt der Sichtweisen und Problemkonzepte, der Bildfindungen und Kompositionen, vor allem auch in der Profilierung der Persönlichkeit Thomas Müntzers, trugen Künstler wesentlich zur Verbreitung eines sozialistischen Geschichtsbewußtseins sowie zur weiteren Entfaltung sozialistisch-realistischer Bildkunst bei.

Die das kulturelle Leben der DDR bereichernde bildkünstlerische Auseinandersetzung mit dem Bauernkrieg besitzt im Ensemble der wissenschaftlichen, literarischen, pädagogischen und künstlerischen Aneignungsweisen dieses bedeutenden historischen Ereignisses einen hohen gesellschaftlichen Stellenwert. Dies kommt in hervorragender Weise in Werner Tübkes Gestaltung des Panoramabildes in der Bauernkriegsgedenkstätte Bad Frankenhausen zum Ausdruck. Die Kunstausstellungen der vergangenen Jahre bestätigen das fortdauernde und zu immer neuen Werken anregende Interesse der Künstler der DDR am Thema Bauernkrieg und Müntzer.

XIV.

Auf dem Wege zum und bei der Gestaltung des Sozialismus gehörte die Bewahrung und Pflege des revolutionären und progressiven Erbes stets zu den unverzichtbaren Bestandteilen des Selbstverständnisses der DDR und ihrer Bürger. Entsprechend den gesellschaftlichen Bedürfnissen nach 1945, vor allem die revolutionär-demokratischen Traditionen des deutschen Volkes für die antifaschistisch-demokratische Neuorientierung lebendig zu machen, sah die sich konstituierende marxistische Geschichtswissenschaft der DDR von Anbeginn im Bauernkrieg und im Wirken Thomas Müntzers einen ihrer großen Gegenstände. Dabei ließ sie sich in entscheidendem Maße von den Wertungen Friedrich Engels' leiten, dessen Bauernkriegsschrift seit 1946 in immer neuen Massenauflagen herausgebracht wurde. Es kennzeichnet einen symptomatischen Vorgang, daß die Geschichtswissenschaft der DDR bedeutende Impulse auch von der Sowjetwissenschaft erhielt. Mit M. M. Smirins Buch über die Volksreformation Thomas Müntzers von 1947, 1952 und 1956 auch in deutscher Übersetzung erschienen, wurde ein Werk vorgelegt, das die weitere Erschließung dieser revolutionären Traditionen wesentlich befruchten sollte.

Wichtige Schritte im Ringen um das tiefere Erschließen von Reformation und Bauernkrieg in der DDR-Geschichtswissenschaft waren das Bemühen Alfred Meusels um die Verbreitung des marxistischen Müntzer-Bildes, die 1952 geführten Diskussionen über die Gestaltung des Museums für Deutsche Geschichte, die Konferenz der Historiker-Gesellschaft in Wernigerode unter Leitung von Max Steinmetz 1960 und die Beiträge zur Müntzer-Forschung von Manfred Bensing und anderen. Mit der Sicht auf Reformation und Bauernkrieg als einheitlichen Prozeß, als frühbürgerliche Revolution wurde eine umfassende historisch-materialistische Interpretation dieses bedeutenden Abschnitts der deutschen Geschichte erarbeitet, die es ermöglichte, zu einer neuen differenzierenden Wertung auch ihrer großen Persönlichkeiten Luther und Müntzer mit bedeutenden Folgen für die Traditions- und Erbepflege vorzustoßen.

Weitere Fortschritte in der Ausarbeitung und Propagierung des marxistisch-leninistischen Bildes der frühbürgerlichen Revolution waren vor allem mit dem 450. Jahrestag von Luthers Thesenanschlag 1967 und dem 450. Jahrestag des Bauernkrieges und des Todes Thomas Müntzers 1975 verbunden. Dabei gelang es, eine gesamteuropäische Sicht auf diese Ereignisse zu gewinnen und in bedeutsamen Publikationen darzustellen.

Das Gedenken an Thomas Müntzer anläßlich seines 450. Todestages 1975 förderte auch eine Neubewertung Müntzers innerhalb des Protestantismus in der DDR. Nachdem er noch in den fünfziger Jahren als schwärmerischer Außenseiter galt und daher literarisch und wissenschaftlich nur von wenigen progressiven Geistlichen wie Karl Kleinschmidt rezipiert wurde, wurde nunmehr das Werk Müntzers auf eigenständige Weise aufgenommen und zu einem Zeichen des Erbes der Kirche im Sozialismus.

Nach dem VIII. Parteitag der SED reiften in den siebziger Jahren im Zusammenhang mit der weiteren Gestaltung der entwickelten sozialistischen Gesellschaft neue Bedürfnisse heran. Es ging um den Nachweis der Verwurzelung der DDR in der ganzen deutschen Geschichte und um den Anteil aller gesellschaftlichen Klassen und Schichten sowie ihrer Repräsentanten am historischen Fortschritt, den heute die DDR als sozialistischer deutscher Staat verkörpert. Der 500. Geburtstag Martin Luthers 1983 wurde zu einem Höhepunkt der Beschäftigung mit dem historischen Erbe von Persönlichkeiten des Bürgertums, die zwar von ihrer gesellschaftlichen Bindung her den sozialen Kämpfen der werktätigen Klassen und Schichten fernstanden, aber unter den Bedingungen ihrer Zeit und in Wechselwirkung mit den verschiedenen Klassenkräften revolutionäre, den historischen Fortschritt fördernde Wirkung erlangten. Dabei weitete sich auch der Blick für die gesellschaftliche Relevanz theologischer Auffassungen in einer Zeit, in der alle Weltanschauungen religiös geprägt waren. Das hatte auch Konsequenzen für das Müntzer-Bild, insbesondere für die Erkenntnis der theologischen Motivationen Müntzers. Von daher gelang es nicht nur, ein differenzierteres Bild vom historischen Erbe zu gewinnen, sondern insbesondere auch das Verhältnis von Luther und Müntzer und ihrer Theologie als das von Repräsentanten und Ideologen verschiedener Klassenlinien ein und derselben Revolution weiter auszuarbeiten: der bürgerlich-gemäßigten und der revolutionär-demokratischen Klassenlinie. Erich Honecker betonte 1983: »Für das Geschichts- und Traditionsbewußtsein unseres Volkes im Sozialismus ist es von Bedeutung, Luther und Müntzer einander nicht als von vornherein unvereinbare Gegensätze gegenüberzustellen. Es gilt, sie dialektisch als die beiden großen Gestalten der ersten deutschen Revolution zu erfassen.«

Beide, Luther und Müntzer, sind fest verankert in jenen Traditionen, denen sich die DDR verpflichtet fühlt. Mit Thomas Müntzer ehrt die DDR 1989 diejenige Persönlichkeit der frühbürgerlichen Revolution und mit ihr jene Traditionen, die mit dem revolutionären Kampf der unterdrückten und ausgebeuteten Volksmassen für ein besseres Leben in sozialer Gleichheit und Sicherheit verbunden sind. Die Arbeiterklasse, die Klasse der Genossenschaftsbauern, alle werktätigen Schichten unserer Republik, ihre Parteien und Massenorganisationen, Bürger verschiedener Weltanschauung und Religion setzen vereint diese Traditionen mit der weiteren Gestaltung der entwickelten sozialistischen Gesellschaft fort und leisten damit zugleich einen wertvollen Beitrag für die Lösung der Menschheitsfrage unserer Zeit: die Erhaltung des Friedens.

Verzeichnis
der Mitglieder der Arbeitsgruppe

Prof. Dr. sc. phil. Adolf Laube (Leitung)
Historiker, Stellvertreter des Leiters des Forschungsbereiches Gesellschaftswissenschaften der Akademie der Wissenschaften der DDR

Prof. Dr. sc. phil. Helmut Bock
Historiker, Zentralinstitut für Geschichte der Akademie der Wissenschaften der DDR

Prof. Dr. sc. phil. Gerhard Brendler
Historiker, Zentralinstitut für Geschichte der Akademie der Wissenschaften der DDR

Prof. Dr. phil. habil. Siegfried Hoyer
Historiker, Karl-Marx-Universität Leipzig

Prof. Dr. sc. phil. Klaus Kinner
Historiker, Franz-Mehring-Institut Leipzig

Prof. Dr. sc. phil. Werner Lenk
Literaturwissenschaftler, Zentralinstitut für Literaturgeschichte der Akademie der Wissenschaften der DDR

Dr. Sigrid Looß
Historikerin, Zentralinstitut für Geschichte der Akademie der Wissenschaften der DDR

Prof. Dr. sc. phil. Günter Vogler
Historiker, Humboldt-Universität zu Berlin

Prof. Dr. phil. habil. Siegfried Wollgast
Philosoph, Technische Universtität Dresden

TOMAS MVNCER PREDIGER ZV ALSTET IN DVRINGEN.

Thomas Müntzer, Kupferstich von Christoph van Sichem
aus »Historische beschrijvinge ende affbeeldinge
der voorneemste Hooftketteren...«, Amsterdam 1608

Bauern bei der Ablieferung ihrer Abgaben, Holzschnitt, 1479

Notleidende in der Stadt,
Holzschnitt des Petrarca-Meisters, 1519/20

Ein Bergmann, der auf der Fahrt einfährt A.   Einer, der auf dem Knebel sitzt B.
Einer, der auf dem Leder einfährt C.   Auf Stufen, die im Gestein hergestellt sind, Einfahrende D.

Einfahren der Bergleute,
Holzschnitt aus Georgius Agricola »De re metallica«, Basel 1556

Stolberg im Harz

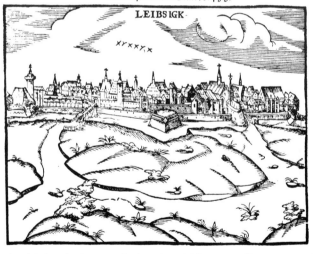

Leipzig, Holzschnitt aus Sebastian Münster »Cosmographia«, Basel 1592

Stiftskirche in Frose bei Aschersleben

Universitätsvorlesung,
Holzschnitt aus Hironymus Brunschwig
»Chirurgia«, Straßburg 1497

Matrikeleintrag der Universität Frankfurt (Oder)
aus dem Jahre 1512 für Thomas Müntzer.
Die Bezeichnung »seditiosus« (Hochverräter)
wurde nachträglich im 16. Jahrhundert zugefügt

Philipp Melanchthon, Kupferstich von Albrecht Dürer, 1526

Martin Luther, Kupferstich von Lucas Cranach d. Ä., 1521

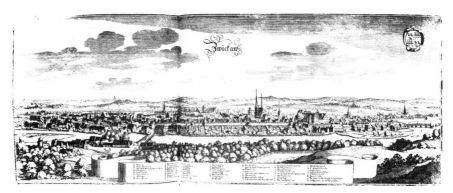

Zwickau, Kupferstich aus Matthäus Merian »Topographia«,
Frankfurt (Main) 1650

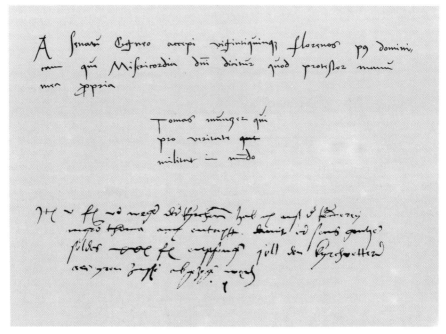

Quittung Thomas Müntzers für erhaltene Bezüge
mit der Unterschrift »Thomas Müntzer,
der für die Wahrheit in der Welt kämpft«,
Zwickau, 16. April 1521

Katharinenkirche in Zwickau

Prag, Kupferstich aus Georg Braun,
Franz Hogenberg »Beschreibung vnd Contrafactur
von den vornembsten Stetten der Welt«, Köln 1576

Bethlehemskapelle in der Altstadt von Prag

»Prager Anschlag«, lateinische Fassung, November 1521

Protestation odder empietung Tome

Müntzers võ Stolberg am Hartzs seelwarters zu Alstedt seine lere betreffende/ vnnd tzum anfang von dem rechten Christen glawben/ vnnd der tawffe. 1524

Thomas Müntzer »Protestation odder empietung ...«,
Titelblatt der Flugschrift, Eilenburg 1524

Außlegung des andern unter-
schyds Danielis deß pro-
pheten gepredigt auffm schlos zu
Alstet vor den tetigen thewren
Hertzogen vnd vorsteheren zu
Sachßen durch Thomā
Müntzer diener des
wordt gottes.

Alstedt

M. D. XXiiij.

Thomas Müntzer »Außlegung des andern vnterschyds ...«
(Fürstenpredigt), Titel der Flugschrift, Allstedt 1524

Schloß Allstedt, Kapellenflügel

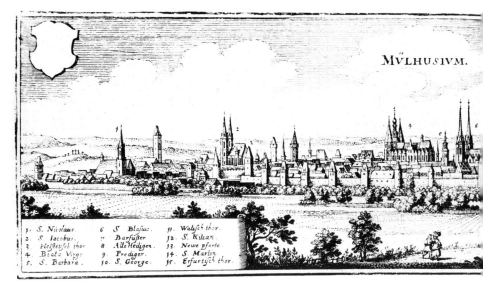

Mühlhausen, Kupferstich aus Matthäus Merian »Topographia«, Frankfurt (Main) 1650

An dye Christliche Gemeynn vnnd
Rath zu Mülhausen meynen lyeben brüdern.

Heyl vnd seligkeyt durch angst/ todt/ vn hell zuuoran Lieben brüder/ nach dem es Gott also wolgefelt das ich von hynne scheyden werd in warhafftiger erkentnis Götliches namens vnterstattüge etlicher missebrauch vom volck angenomen/ mit nicht recht verstanden/ Allein angesehen eygen nutz der zum vntergang götlicher warheyt gelanget. Byn ichs auch hertzlich zu fryden das Got also verfüget hat mit allen seynen volzogenen werckenn/ welche müssenn nach de eußerlichen ansehen nicht/ sonder in warheyt geurteylet werden Johan. vij. Darumb solle yr euch meynes todes nicht ergern/ welcher zu fordrung dem vnuerstendigen geschehen ist. Derhalben ist meyna freundtlich byt an euch yr wöllet meynem weybe die güter so sie hat/ lassen volgen/ als bücher vn kleyder was dasselbig ist. Vnd sie nichts (vmb Gottes willen) lassen gelt.n. Lieben brüder es ist euch hoch vo nötten/ damit yr solche
schlappen

Aus dem sogenannten Abschiedsbrief Thomas Müntzers aus Heldrungen vom 17. Mai 1525

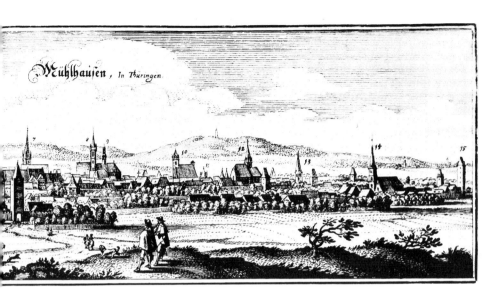

Brief Thomas Müntzers an den Rat in Mühlhausen,
Mühlhausen, 8. Mai 1525

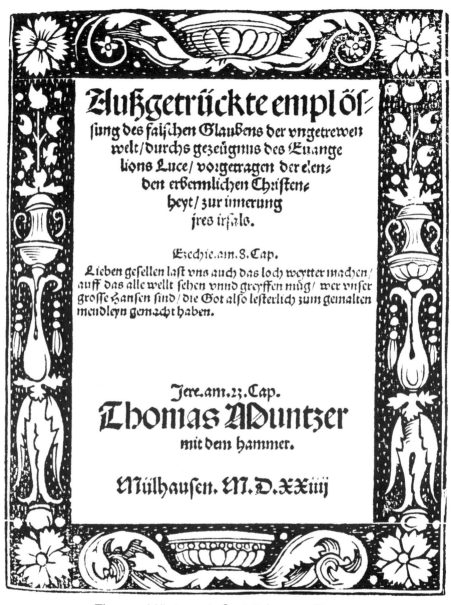

Thomas Müntzer »Außgetrückte emplössung des falschen Glaubens der vngetrewen welt ...«, Titelblatt der Flugschrift, Nürnberg 1524

Andreas Bodenstein, genannt Karlstadt,
Holzschnitt, 1. Hälfte 16. Jh.

Gotische Wandmalerei
in der Großen Ratsstube des Rathauses in Mühlhausen,
Tagungsort des Ewigen Rates

Marienkirche in Mühlhausen (älteste Innenansicht),
Radierung von Wilder, 1825

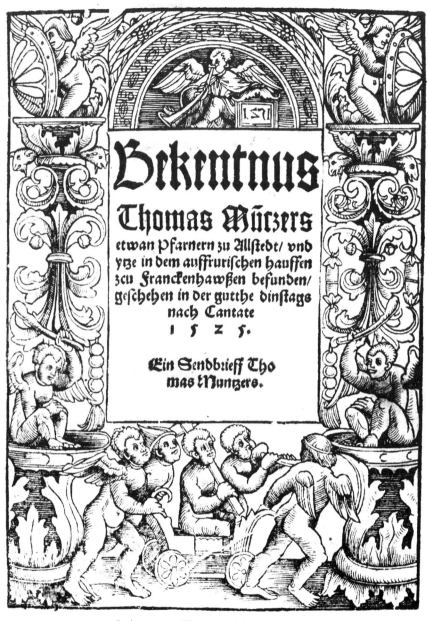

»Bekentnus Thomas Muntzers ...«,
Titelblatt der Flugschrift, 1525

Brief Thomas Müntzers an die Erfurter,
Frankenhausen, 13. Mai 1525

Siegel Thomas Müntzers

Kurfürst Johann von Sachsen mit einer Darstellung
der Schlacht bei Frankenhausen im Hintergrund,
Gemälde im Schloß Wilhelmsburg, Schmalkalden, Mitte 16. Jh.

Trommler Acker Concz und Fähnrich Klos Wvczer
im Bauernkrieg 1525,
Kupferstich von Hans Sebald Beham, 1544

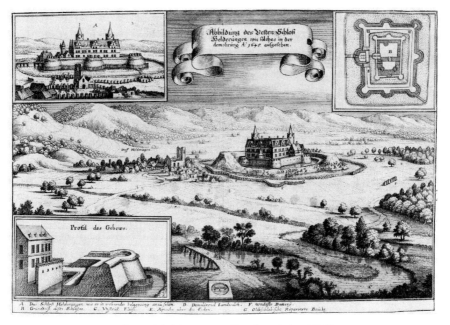

Burg Heldrungen, Kupferstich, 1645

Hinrichtung, Federzeichnung, Mitte 16. Jh.

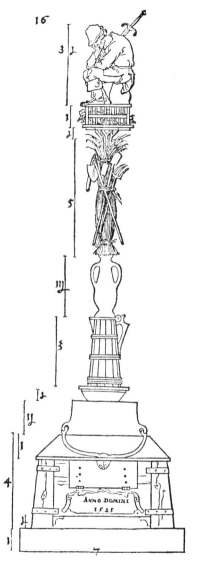

Gedächtnissäule für den Bauernkrieg, Holzschnitt aus Albrecht Dürer »Vnderweysung der messung mit dem zirckel vnd richtscheyt ...«, Nürnberg 1525

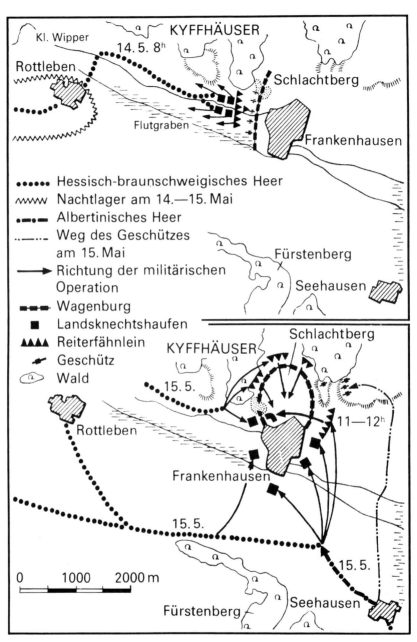

Schlacht bei Frankenhausen, 15. Mai 1525

Bildnachweis:
ADN, Zentralbild (1);
Büro für nationale Jubiläen beim Ministerium für Kultur, Archiv, Berlin (1);
Walter Danz, Halle (1); Dietz Verlag Berlin, Bildarchiv (28);
Institut für Denkmalpflege, Außenstelle Halle (2);
Ratsschulbibliothek Zwickau (1);
Staatsarchiv Potsdam (1); Stadtarchiv Erfurt (1);
Städtisches Museum Zwickau (1).

Reproduktionsaufnahmen:
Dietz Verlag/Renate und Horst Ewald (16)

Thesen über Thomas Müntzer :
zum 500. Geburtstag / Autorenkoll. unter Ltg. von Adolf Laube. –
Berlin : Dietz Verl., 1988. – 86 S. : 37 Abb.

ISBN 3-320-01242-8

Mit 37 Abbildungen
© Dietz Verlag Berlin 1988
Lizenznummer 1 · LSV 0265
Printed in the German Democratic Republic
Fotosatz: Druckerei Neues Deutschland
Druck und Bindearbeit: Druckerei Fortschritt Erfurt
Best.-Nr. 738 563 0
00580